Angelika Enners

ICH WAGE DEN SPRUNG

Angelika Enners

Ich wage den Sprung

Wahre Geschichten von der tragenden Liebe Gottes

francke

Über die Autorin:
Angelika Enners hat einige Jahre ehrenamtlich als Notfallseelsorgerin gearbeitet. Zuletzt war sie als Familienbetreuerin und Trauerbegleiterin tätig. Sie ist verheiratet, hat zwei erwachsene Söhne und lebt in Sprockhövel.

Bibliografische Information der Deutschen Nationalbibliothek
Die Deutsche Nationalbibliothek verzeichnet diese
Publikation in der Deutschen Nationalbibliografie;
detaillierte bibliografische Daten sind im Internet
über http://dnb.dnb.de abrufbar.

ISBN 978-3-96362-161-1
© 2020 by Verlag der Francke-Buchhandlung GmbH
35037 Marburg an der Lahn
Umschlagbild: © stock.adobe.com / Bashkatov
Umschlaggestaltung: Verlag der Francke-Buchhandlung GmbH /
Christian Heinritz
Satz: Verlag der Francke-Buchhandlung GmbH
Printed in Czech Republic

www.francke-buch.de

Inhalt

Für meine beiden Söhne

Vorwort

Vor einigen Jahren inspirierte mich eine
Auszeit an der Nordsee, zu Stift und Papier
zu greifen, um Eindrücke, Erlebnisse und
Begegnungen aufzuschreiben. Ich war zu
dem Zeitpunkt ziemlich ausgebrannt. Beim
Schreiben spürte ich, wie ich anfing loszulassen, zuzulassen und zu verarbeiten. Es
entstand über einen längeren Zeitraum hin-
weg eine Art Tagebuch. Als die letzte Seite
gefüllt war, entdeckte ich beim Lesen, dass
mein Weg, den ich bisher gegangen war,
unterschiedliche Stationen beinhaltete. Momente, die schön und einzigartig waren,
die herausforderten, an denen ich wachsen
durfte. Aber auch Krisen, die meine Lebens-
konzepte ins Wanken brachten.

Da gab es Begegnungen, die meine Blick-
richtung veränderten, mich ermutigten und
stärkten. Und nach einem tiefen Einschnitt
in meinem Leben lernte ich, dass Gott aus
einem Zerbruch etwas Wunderbares und

Neues schaffen kann. Der Prozess war nicht einfach und oft schmerzhaft. Aber dann fing ich im Vertrauen darauf an, neue Schritte zu gehen.

Ich bin Gott aus tiefstem Herzen dankbar, dass er mich in jener Zeit nicht fallen ließ, obwohl ich oft an ihm zweifelte und ihn fragte, warum er viele Dinge zugelassen hat. Nicht auf alle Fragen bekam ich eine Antwort. Warum meine Ehe nach vielen Jahren zerbrach, liebe Menschen so früh sterben mussten und mir so viel genommen wurde …

Aber ich durfte erfahren, dass Gottes Liebe mich trägt wie ein sicherer Fallschirm, dass er bei mir ist und mich mit neuer Kraft, Freude, Dankbarkeit und Zuversicht füllt. Er hat Frieden geschenkt, der höher ist als alle Vernunft, mir treue und fürsorgliche Menschen zur Seite gestellt, die mit mir den schweren Weg gegangen und mir manchmal zu Engeln geworden sind.

Rückblickend kann ich heute sagen: Ich bin reich beschenkt und mein zerbrochenes Herz wurde geheilt.

Inzwischen sind aus meinen Tagebuchaufzeichnungen Erlebnisgeschichten entstanden. Manchmal verschenke ich sie, oder ich erzähle Menschen, die in ähnlichen Situationen sind, meine Lebensgeschichte. Oft habe ich dann erlebt, dass ich dadurch anderen Mut machen kann und sie motiviere, neu über ihr Leben und über Gott nachzudenken. Ich würde mich freuen, wenn dieses Buch dazu beiträgt, dass Sie den Sprung ins Ungewisse wagen, diesen Moment, in dem Sie den Schritt über die Kante wagen und dabei viel Schönes und Ermutigendes erfahren. Im Vertrauen darauf, dass Gott Sie sicher landen lässt.

Ihre *Angelika Enners*

Kantenmomente

Unser Flugzeug hat 4000 Meter Höhe erreicht. Die Flugzeugtür öffnet sich, die ersten Fallschirmspringer machen sich startklar. Dann springen sie, einer nach dem anderen in den Himmel hinein. Ich stehe an der Kante zum Ausstieg. Noch einen Schritt – dann der Sprung ins Ungewisse.

Mit rasender Geschwindigkeit von 240 Stundenkilometern fliegen wir im freien Fall der Erde entgegen. Fasziniert von der Unendlichkeit, der Weite des Himmels und der klaren Sicht, brechen wir durch die Wolkendecke. Unter uns ist schon Land zu sehen, winzig klein und doch wunderbar. Ein Riss an der Leine, der Fallschirm öffnet sich. Sicher getragen können wir diesen Moment, den Anblick, die Schönheit und die Vielfalt der Erde erleben. Es ist ein einmaliges Erlebnis für mich. Der Sprung ins Ungewisse hat sich gelohnt und ich bin dankbar für die sichere Landung, als ich wieder Boden unter meinen Füßen spüre.

Es ist sicherlich einer dieser Momente gewesen, als ich den Schritt über die Kante wagte und mich fallen ließ, die mein Leben bereichern und für die ich Gott aus tiefstem Herzen dankbar bin.

Bei diesem Fallschirmsprung ist mir deutlich geworden, wie sehr Gott mein Leben in seiner Hand hält.

Ich denke daran, wie oft ich schon in meinem Leben im freien Fall war, den Schritt in die Ungewissheit tat, nicht selten aus Verzweiflung, in ausweglosen Situationen. Ich durfte Gottes Nähe, sein Tragen und seine unendliche Liebe spüren. Er wurde mir zum Fallschirm meines Lebens. Er half mir zur sicheren Landung und stellte meine Füße wieder auf festen Boden.

Sicherlich gab es auch Momente, in denen ich das Gefühl hatte, dass sich der Fallschirm zu spät oder gar nicht öffnete. Wenn ich zurückschaue, sehe ich, dass es viel mit Vertrauen und Geduld zu tun hatte.

Als meine Familie vor vielen Jahren von Arbeitslosigkeit und Krankheit betroffen war und wir einen Freund durch Krebs verloren, dachten wir schon, die Lasten müssten uns erdrücken. Aber es ging noch weiter.

Als eine Freundin im Sterben lag, begleiteten wir sie und ihren Mann durch diese Phase. Die junge Mutter von zwei kleinen Kindern starb mit 36 Jahren. Viele Fragen brachen in uns auf. Zudem erlebten wir, wie schmerzhaft es ist, neben menschlichen auch materielle Verluste hinzunehmen.

Von vielem »Liebgewonnenen« mussten wir uns trennen.

An manchen Tagen hatte ich das Gefühl, im freien Fall ohne Fallschirm zu fliegen. In einem solchen Moment schenkte Gott mir einen Vers aus den Psalmen: »Mein Herr und Gott, dir vertraue ich. Wenn ich niedergeschlagen bin und nicht mehr weiterweiß, kennst du doch einen Ausweg« (Psalm 141,8; 142,4). Dieser Zuspruch wurde mir wie eine Fallschirmlizenz für den Alltag.

Ich darf darauf vertrauen, dass Gott mein Leben in seiner Hand hält. Er kennt meinen Weg und will ihn mit mir gehen. Ich lerne es, »Kantenmomente« als wertvolle Details der Wegstrecke zu entdecken. Sie sind es, die mir immer wieder deutlich machen, wie sehr Gott mich liebt.

Da sind unsere Freunde, die mit uns gehen und uns immer wieder Mut zusprechen. Die liebevollen Briefe – manchmal sogar Päckchen mit Geschenken, ein unverhoffter Besuch zum richtigen Moment, eine Einladung zum Essen, Menschen, die uns in vielfältiger Weise unterstützen und für uns und mit uns beten. Ich kann immer wieder nur staunen, wie Gott uns mit dem, was wir brauchen, versorgt.

Wir wissen noch nicht, wie es weitergeht, auch haben wir die Erfahrung gemacht, dass Gott uns nicht am Leid vorbeiführt. Aber er trägt uns hindurch. So dürfen wir auch erkennen, dass schon neue Perspektiven am Horizont sichtbar sind. Ich weiß, dass Gott unser Bestes will, auch wenn wir es nicht immer verstehen. Ich möchte ihm vertrauen und lernen, geduldig zu sein.

Noch sind wir nicht gelandet, aber wir haben in Gott den sichersten Fallschirm, den es gibt.

Die falsche Richtung

Den Tag, an dem ich erfuhr, dass meine Freundin nicht mehr lange zu leben hat, werde ich wohl nie vergessen.

Es ist an einem Wochentag, dichter Nebel, Nieselregen, schlechte Sicht für jeden Autofahrer, der unterwegs ist. Fast möchte ich meinen Gemütszustand ähnlich beschreiben. Ich bin auf dem Rückweg vom Krankenhaus, wo meine Freundin im Sterben liegt. Sie ist gerade mal 36 Jahre alt, glücklich verheiratet und Mutter von zwei entzückenden Töchtern. Erst im vergangenen Jahr haben wir an ihrem Geburtstag gleichzeitig ihr zweites Leben gefeiert, nachdem sie durch eine Operation und Chemotherapie die Krebszellen besiegt hatte. Sie hat so tapfer gekämpft. Anfang des Jahres dann die niederschmetternde Nachricht: Metastasen in der Lunge und im Rückenmark – Krebs im Endstadium. Die Ärzte geben ihr nur noch wenige Wochen. Es fällt schwer, Abschied zu nehmen und sich der offenen Frage nach dem »Warum?« zu stellen.

Ich versuche, mich auf den Verkehr zu konzentrieren. Es fängt schon an, dunkel zu werden. Die nächste Auffahrt muss ich nehmen, das erste Hinweisschild zur Autobahn. Ich setze den Blinker – die Sicht wird immer schlechter. Ich bin bereits auf den Zubringer zur Autobahn abgebogen, als ich mit Entsetzen feststelle, dass ich in die verkehrte Richtung fahre. Ein entgegenkommender Scheinwerfer blendet mich, eine Hupe ertönt. In diesem Moment reiße ich das Steuer herum und weiche auf eine wiesenähnliche Verkehrsinsel aus. Fast wäre ich zum Geisterfahrer geworden. Den Schreck in den Gliedern, übermannt von unendlicher Traurigkeit, lege ich den Kopf auf das Lenkrad und lasse meinen Tränen freien Lauf.

Ich weiß nicht, wie viel Zeit vergangen ist, inzwischen regnet es in Strömen. Ein Klopfen an der Fensterscheibe lässt mich aufhorchen. Ein Mann öffnet sachte die Autotür und fragt mich, ob ich Hilfe brauche. Er bittet mich, auf den Beifahrersitz zu rutschen, damit er den Wagen vorsichtig in Fahrtrichtung bringen kann. Später dann, als wir auf dem Randstreifen stehen, rede ich mir meinen Kummer und meine Not von der Seele. Dabei ist er ein wildfremder Mensch für mich. Er hört mir zu und zwischendurch legt er tröstend seine Hand auf meine Schulter. Ich merke, wie ich zur Ruhe komme und mich besser fühle. Nach einer Weile verabschiedet sich der Fremde freundlich. Er ist besorgt um mich. Als ich mich noch bei ihm bedanken will, ist er plötzlich wie vom Erdboden verschluckt. Weit und breit ist niemand zu sehen.

Auf dem Rest des Nachhauseweges höre ich eine CD: »Der Herr hat seinen Engeln befohlen über dir, dass sie dich behüten.« Bei dem Refrain fällt es mir wie Schuppen von den Augen, und ich weiß, dass Gott mir in dem Fremden einen Engel gesandt hat. Dankbar überkommt mich eine tiefe Geborgenheit. Gott ist mir spürbar nah.

Manchmal, wenn ich mit dem Auto unterwegs bin, muss ich an dieses Erlebnis zurückdenken. Auf viele Fragen habe ich bis heute noch keine Antwort bekommen, aber ich habe meinen Frieden darüber gefunden.

Zudem habe ich erfahren, dass Gott uns nie allein lässt. Er begleitet uns, hält seine Hand über uns und ab und zu sendet er einen Engel, der uns beschützt und behütet.

Getragen

In unserem Gottesdienst werden viele Lob- und Anbetungslieder gesungen. Oft schon haben mich Liedertexte zu unterschiedlichsten Zeiten und in schwierigen Situationen ermutigt, getröstet und gestärkt. Manchmal begleiten sie mich, wenn ich im Auto unterwegs bin. Ich singe sehr gerne. Entweder stimme ich mit ein oder höre einfach nur still zu. Ich erinnere mich allerdings an einen Tag, an dem mir innerlich nicht zum Singen, Loben und Beten zumute war:

Ich sitze im Gottesdienst meiner Gemeinde und weiß gar nicht so wirklich, warum ich heute Morgen gekommen bin. Eigentlich fühle ich mich überhaupt nicht in der Lage, mich mit den vielen Menschen um mich herum auseinanderzusetzen. In der vergangenen Woche ist meine Freundin gestorben. Vor Kurzem habe ich sie noch im Hospiz besucht. Was wird nun aus ihrem Mann und den zwei kleinen Mädchen, zwei und fünf Jahre alt? Da ist es schwer, an Gottes gute Pläne für unser Leben zu glauben und sie zu verstehen.

Ich kann einfach nicht mit einstimmen in die Lob- und Danklieder, die gerade gesungen werden. Wie wunderbar doch Gottes Wege sind, wie fröhlich wir in der Hoffnung sein sollen und dass Gott Gebete erhört. Selbst meine Gebete, die so überzeugt gewesen sind und mich ruhig haben werden lassen, kommen mir nicht mehr über die Lippen. Ich bin unendlich traurig, ja vielleicht sogar ein bisschen wütend: »Warum, Gott, warum? Sie war noch so jung, hatte so viele Pläne. Ihre beiden Töchter waren ihr ganzer Stolz, ihnen und ihrem Mann galt ihre ganze Liebe. Du hättest ihr doch ein wenig Zeit geben können!«

Die Frau, die im Gottesdienst neben mir sitzt, drückt mir mit einer liebevollen Geste ein Taschentuch in die Hand. Erst jetzt bemerke ich die Tränen, die mir über das Gesicht laufen. Ich lasse ihnen freien Lauf. Als sich ein Arm um meine Schultern legt, fühle ich mich ein wenig geborgen und getröstet.

Der Pastor spricht ein Gebet und es wird

in der Fürbitte all der Familien und Freunde gedacht, die um einen geliebten Menschen trauern. Ein weiteres Lied wird gesungen: »In Christus ist mein ganzer Halt …« Plötzlich fühle ich mich getragen. Getragen von den Gebeten und Liedern, die meine Gemeindegeschwister singen. Ich kann sie nicht mitsingen, dafür ist mein Herz zu schwer. Aber es ist tröstlich und ermutigend zu spüren, dass sie für mich mitgesungen werden. Ja, dass hier auch Platz ist für meine Trauer und meinen Schmerz.

In mir gewinnt Dankbarkeit Raum. Dankbarkeit für meine Gemeinde, meinen Pastor, meine Geschwister. Hier darf ich sein, wie ich bin. In meiner Freude und auch in meiner Traurigkeit. Hier darf ich lachen und weinen und mich getragen wissen von Menschen, die den Weg im Glauben mit mir gehen. Welch ein Geschenk!

Nach dem Gottesdienst bedanke ich mich bei der Frau, die ohne große Worte gespürt hat, was ich brauchte. Obwohl ich sie danach nicht wiedergesehen habe und auch keiner weiß, woher sie gekommen ist und wo sie hingehört, habe ich noch lange an sie gedacht.

In meinem Gemeindefach liegen viele ermutigende und schöne Karten. Später in meiner Wohnung habe ich sie dann gelesen und ich bin erstaunt, wie sensibel und einfühlsam viele der Geschwister und Freunde sind. Ein Verlust wird erträglicher, wenn wir uns getragen wissen. Ein bisschen verschwinden Schmerz und Trauer aus meinem Herzen. In meiner Gemeinde bin ich zu Hause, ich bin ein Teil dieser Gemeinde und ich bin Gott dankbar, dass ich so eine große Familie habe.

Die Welle

Fuerteventura – ich sitze auf einem Felsvorsprung in den Klippen und schaue auf das weite Meer hinaus. Unter mir liegt eine idyllische Badebucht. Heute ist der Atlantik ruhig, keine Brandung. Nur ab und zu eine sanfte Welle, die den Strand umspült. Meine Gedanken tauchen in die Vergangenheit ein. In ein Erlebnis, das ich wohl bis an mein Lebensende nicht vergessen werde. Auch damals war der Atlantik so ruhig ...

Mein Mann und ich machten mit unseren Söhnen (viereinhalb und sechs Jahre alt) Urlaub auf dieser Insel. Schon in der Frühe waren wir mit einem Fischkutter zum Hochseeangeln aufs offene Meer hinausgefahren. Außer unserer Familie, dem Kapitän und einem Fischerjungen waren noch zwölf weitere Urlauber an Bord. Es war eine spannende und aufregende Tour, die mit einem Fischgrillen in einer kleinen Bucht enden sollte.

Unser Schiff ging dort vor Anker und wir wurden mit einem Ruderboot an den Strand gebracht, wo es eine Menge zu entdecken gab. Während unser Kapitän den gefangenen Fisch zubereitete, konnten wir baden, schnorcheln oder kleine Krebse und Schildkröten zwischen den Steinen beobachten.

Unsere Kinder konnten bereits schwimmen und somit brauchten wir uns bei dem abgeflachten Strand und dem ruhigen Meer keine Gedanken um sie zu machen.

Nach einer Weile wagte ich mich Hand in Hand mit dem Jüngsten ein wenig weiter ins Meer hinein. Nur bis zu den Hüften reichte mir das Wasser, ihm stand es bereits bis an die Schultern. Da drehten wir uns der Bucht zu, um den anderen fröhlich zuzuwinken.

Mit einem Mal fuchtelten alle wie wild mit den Armen. Bevor ich begriff warum, war es schon zu spät. Über mir und meinem Sohn brach eine gewaltige Springwelle zusammen, die mir mein Kind von der Hand losriss.

Mit Wucht wurde ich über den Meeresboden geschleudert. Mein Mund füllte sich mit Salzwasser und Sand. Muscheln und spitze Steine hinterließen ihre Spuren.

Als ich mich endlich wieder aufrichten konnte, um Luft zu holen und nach meinem Kind Ausschau zu halten, war das Meer wieder ganz still, zu still. Von meinem Sohn war weit und breit nichts zu sehen. Die Welle hatte ihn verschluckt und die starke Unterströmung ihn mitgezogen. Ich bekam entsetzliche Angst – Todesangst. In Panik schrie und weinte ich und schickte ein Stoßgebet zum Himmel. Stille, einsame Stille.

Niemand von uns achtete auf den Fischerjungen, der auf dem Fischkutter zurückgeblieben war.

Unser Sohn war schon fast bis zum Kutter hinausgetrieben, während ich mich noch verzweifelt nach ihm umsah. Mutig sprang der Fischerjunge ins Wasser, tauchte nach ihm und brachte ihn ans Ufer. Neben dem vielen Wasser, das unser Kind geschluckt hatte, Hautabschürfungen und einem Schock ging es ihm den Umständen entsprechend gut. Jetzt weinte ich vor Erleichterung und schloss meinen Sohn in die Arme.

Mein Mann und unser anderer Sohn, die

in den Steinen nach Krebsen gesucht hatten, kamen auf uns zugelaufen. Aufgewühlt, aber glücklich umarmten wir uns alle.

Wir bedankten uns bei dem Fischerjungen, der das Leben unseres Kindes gerettet hatte.

Erst später wurde mir bewusst, dass er unserem Sohn zum Engel geworden war. Gott hatte mein Gebet erhört. – Während ich auf dem Felsen sitze und aufs Meer hinausschaue, sehe ich alles wieder vor mir, erlebe es noch einmal – wie sonst schon so oft. Aus tiefstem Herzen bin ich Gott dankbar, dass er damals unser Kind bewahrt hat.

Ob ich an Engel glaube?

Ja, denn ich bin einem begegnet.

In deine Hände

Ich sitze auf unserer Bank an der Hütte im Garten.

Ein langer Tag neigt sich dem Ende zu.

Am Horizont in den Wäldern versinkt die Sonne und malt den Himmel in seinen schönsten Farben. Ein kühler Wind tut sich auf – nach der Hitze des Tages eine wahre Wohltat. Hektik und Stress dieses Tages bekommen ein anderes Gesicht. So langsam kehrt Ruhe in meine Seele. Ein tiefer innerer Friede breitet sich in mir aus. Ich spüre Gottes Nähe und dankbar lege ich den Tag zurück in seine Hände. Es ist gerade so, als ob ich auftanke, neue Kräfte sammle und mit neuer Energie geladen werde. Hier und jetzt begegne ich meinem Gott und Vater und sage ihm alles, was ich auf dem Herzen habe.

Zurzeit mache ich eine Zusatzausbildung, in der ich unterschiedliche Programme und Tools kennenlerne, um einen Internetauftritt zu gestalten. Der Ausbildungsort liegt einige Kilometer entfernt und bei normalem Verkehr bin ich eine gute halbe Stunde dahin unterwegs. Als ich heute Morgen auf dem Weg zur Schule war, gab es einen Unfall auf der Autobahn. Ungefähr zwei Stunden stand ich deswegen im Stau. Ich war stinksauer, weil ich wichtigen Unterrichtsstoff versäumte. Hätte Gott den Unfall nicht um zwei Minuten verschieben können?

Dann sah ich ihn, den Mann, der verzweifelt schrie und weinte – dort am Unfallort, wo ein Krankenwagen und ein Rettungshubschrauber standen. Ich schämte mich meiner Gedanken und meiner Wut. Schließlich hätte es auch mich treffen können …

Ich denke an den geschäftlichen Anruf. Der Auftrag, den ich schon so gut wie in der Tasche hatte, ist geplatzt. »Herr, du wusstest, wie sehr wir den Auftrag brauchen. Nur dieses eine Mal hättest du den Weg ja für uns ebnen können.«

Eine alleinerziehende Mutter kommt mir in den Sinn. Ihr Mann zahlt keinen Unterhalt für die Kinder. Sie ist mit ihren Nerven und ihrer Kraft völlig am Ende. Mit den Mietzahlungen ist sie im Rückstand, das Haushaltsgeld reicht hinten und vorne nicht.

Eines der Kinder ist krank, die Waschmaschine ist kaputt und der Strom soll ihr abgeschaltet werden. Sie ist mit ihren Sorgen allein.

Da bekommen meine Unzufriedenheit und Bitterkeit einen anderen Stellenwert.

Ich denke an meine nicht bestandene Prüfung, die ich wiederholen muss. Dabei habe ich so dafür gebüffelt, mir wochenlang keine freie Minute gegönnt – und dann fehlen sie mir, die zwei Punkte. »Die hättest du mir ruhig geben können, Herr!«

Dabei vergesse ich ganz die vielen anderen bestandenen Prüfungen, die alle super gut gelaufen sind, die ich »ohne deine Hilfe gar nicht gepackt hätte. Habe ich dir eigentlich schon dafür gedankt, Gott?«

Dann das Gespräch mit meiner Nachbarin, die über den Tod ihres Babys nicht hinwegkommt. Trauer, unsagbarer Schmerz, unbeantwortete Fragen. Der Gedanke an meine eigenen Kinder, die gesund sind und die ich von Herzen lieb habe. Welch ein wunderbares Geschenk hat Gott mir durch sie gemacht.

Da ist der Anruf, auf den ich warte. Mein Mann erzählt mir von seinem Arbeitstag. Er war die Woche über geschäftlich unterwegs, freut sich darauf, nach Hause zu kommen. Er ist in der letzten Zeit viel unterwegs und manchmal fehlt mir die Zeit mit ihm.

Da sind die vielen einsamen Menschen, die vergeblich auf einen Anruf warten, die Selbstgespräche führen, weil sie kein Gegenüber haben. Sie sind immer allein, sie haben niemanden, auf den sie sich freuen können.

Bin ich nicht wirklich reich beschenkt?

»All meine Enttäuschung, meine Wut, meine Unzufriedenheit und meinen Frust bringe ich dir, Herr. Für alle Freude, für alle Bewahrung, für die vielen Geschenke, die ich nicht wahrgenommen habe, für meine Kinder, meinen Mann, dafür, dass du mich annimmst, wie ich bin, mit meinen Macken und Unzulänglichkeiten, für all deine Güte und Liebe danke ich dir. Dass ich diesen Tag in deine Hände zurücklegen und mich auf einen neuen Tag freuen darf, deine Nähe und Geborgenheit erfahre, mich unter deinen Segen stellen darf, dafür lobe und preise ich dich.«

Das brennende Kreuz

Ich war damals 14 Jahre alt und unsere heutige Stadt war noch ein heimeliges kleines Dorf.

Von daher war auch die alljährliche Kirmes, die auf dem Sportplatz stattfand, ein besonderes Ereignis. Wir als Jugendliche freuten uns schon Wochen vorher darauf, zumal auch aus den Nachbarstädten eine Menge fremder junger Leute in unser Dorf kamen. Besonders eindrucksvoll waren für mich die Rocker, die für Stimmung sorgten, wenn sie auf ihren schweren Motorrädern auf den Platz fuhren. Sie waren interessant anzusehen in ihrer Kultkleidung, den Tätowierungen und den Lederbändern, die sie als Schmuck trugen.

Einige von ihnen waren echt nette Typen, eine besondere Art Mensch, und damals träumte ich davon, eines Tages auch einmal so cool zu sein wie sie.

An jenem Abend gab es zwischen den

Kirmesleuten und den Rockern irgendwie Unstimmigkeiten. Plötzlich wurde es ziemlich laut und ein Streit brach vom Zaun. Ich weiß nicht mehr, warum. Im Nachhinein erzählte man sich, es habe Missverständnisse gegeben wegen der Bezahlung der Fahrten auf dem Autoscooter. Aber irgendwie muss mehr dahintergesteckt haben. Vielleicht ging es auch um ein Mädchen. Mit einem Mal gab es einen riesigen Tumult und man ging aufeinander los. Einige versuchten noch, den Streit zu schlichten, aber der war bereits zu sehr eskaliert, als dass noch jemand Einhalt hätte gebieten können. Ein markdurchdringender Schrei, der selbst die laute Kirmesmusik übertönte, ließ alle wie zur Salzsäule erstarren. Mitten in der Menschenmenge war einer der Rocker von einem Messer getroffen worden und auf dem Boden zusammengebrochen. Danach ging alles rasend schnell. Notarzt, Krankenwagen und Polizei wurden gerufen. Der Kirmesplatz wurde abgesperrt, Zeugen zur Vernehmung abgeschirmt. Die spätere Aussage eines Sanitäters machte einen Tag, der fröhlich begann, zu einem Trauertag. Auf dem Weg zum Krankenhaus erlag der junge Mann seinen Stichverletzungen. Entsetzen, Angst, Wut und Trauer breiteten sich aus. Den Ausdruck in den einzelnen Gesichtern sehe ich heute noch vor mir.

Unser eben noch so friedvolles, heimeliges Dorf war zu einer Mördergrube geworden. So ähnlich sah es bestimmt auch in den Herzen der Freunde aus, die gerade einen wertvollen, geliebten Menschen verloren hatten. Von Racheschwüren war plötzlich die Rede, von Wiedergutmachung. Auge um Auge, Zahn um Zahn, hörte ich jemanden sagen.

Nach und nach wurde der Kirmesplatz von der Polizei geräumt und die tief dunkle Nacht hielt Einzug.

Einen Tag später machte das Gerücht die Runde, dass die Rocker einen Rachefeldzug gegen die Kirmesleute planten. Die schauerlichsten Geschichten und Vorstellungen gingen um.

Ich wollte auf jeden Fall bei diesem Ereignis dabei sein. Also machte ich mich am frühen Abend mit Freunden auf den Weg. Schon von Weitem vernahmen wir laute Rufe vom Kirmesplatz. Die Motorräder standen diesmal schon in kleinen Seitenstraßen des Dorfes geparkt. Bis jetzt hatte ich noch nie so viele Rocker auf einmal zu Gesicht bekommen. Irgendwie war die ganze Situation sehr beklemmend. Die Freunde des Verstorbenen hatten die Autos vom Autoscooter zu einem Kreuz zusammengeschoben. Die Fähnchen oberhalb der Stangen hatten sie bereits angezündet. Ein großes brennendes Kreuz erleuchtete den sonst dunklen Schauplatz. Die Spannung war fast unerträglich. Als dann noch einer das Wort »Mörder« in die Runde warf, wurden die Rocker immer aufgebrachter. Ich bekam es auf einmal mit der Angst zu tun und wollte mich schon zurückziehen, als – wie aus heiterem Himmel – ein Mann, mit einem Talar bekleidet, auf die Fahrfläche der Autos mitten in das brennende Kreuz sprang.

Es war ein unbeschreiblich mutiges Bild. Ein einzelner Pastor von nicht allzu großer Statur allein inmitten von wütenden, rachsüchtigen, traurigen und verletzten Menschen.

Eine unheimliche Stille breitete sich aus,

alle starrten auf die fast unwirkliche Erscheinung.

Bis zu diesem Abend war mir alles, was mit Kirche, Glauben und Christsein zu tun hatte, eher fremd und ich hatte nie großes Interesse daran, mich überhaupt damit auseinanderzusetzten. An jenem Tag allerdings wurde etwas in mir wachgerüttelt, was mich nicht mehr loslassen sollte.

Den genauen Wortlaut weiß ich heute nicht mehr, aber der Inhalt hat sich bei mir eingeprägt.

Der mutige Mann nahm direkt Bezug auf das Kreuz und sagte in etwa: »Ihr habt hier ein Kreuz aus Autoscootern zusammengeschoben. Wisst ihr, was Gott tat? Er stellte auch ein Kreuz auf. An dem Kreuz ließ er seinen Sohn sterben. Er bestrafte Jesus für alles Böse, das die Menschen tun, auch für den Mord, der hier passiert ist. Ihr fragt, warum Gott das tat? Weil er will, dass die Menschen aufhören, einander zu bekämpfen; denn letztlich gehen sie daran kaputt. Er will, dass sie lernen zu vergeben. Jesus hat längst geblutet, damit nicht noch mehr Blutvergießen geschieht. Also noch einmal: Ihr habt ein Kreuz zusammengeschoben. Ein Kreuz bedeutet Vergebung. Wollt ihr vergeben, wie Gott es tut? Er hat euch lieb und will euch Frieden schenken. Glaubt mir, in eurem Leben wird Veränderung stattfinden, wenn ihr dazu Ja sagt.«

Ich verstand damals nicht alles, aber viele Fragen brachen in mir auf. Es beeindruckte mich tief und sprach mich an. Dass Gott an diesem Abend wirkte, wurde daran deutlich, dass die Rocker einer nach dem anderen abzogen. Still, traurig, nachdenklich, tief berührt und manche in Tränen aufgelöst. Der Pastor löschte die Flammen am brennenden Kreuz und einige Menschen suchten das persönliche Gespräch mit ihm.

Dieses Erlebnis gab mir den Anstoß, über Gott, Jesus und das Kreuz nachzudenken, um mich später bewusst damit auseinanderzusetzen.

Der darauffolgende Prozess, in dem der junge Mann wegen des Tötungsdelikts zu einer Haftstrafe verurteilt wurde, wird mir unvergessen bleiben, sowie die Narben und der Verlust, den die zurückgelassene Familie und die Freunde erlitten.

Der mutige Mann im Talar, der damals Pastor der evangelischen Landeskirche war, ist für mich das erste Puzzleteil eines Ganzen gewesen. Ich bin dankbar, dass ich ihn kennenlernen durfte. Obwohl er in sehr jungen Jahren starb, ist er vielen zum Segen und zur Antwort auf eine Menge Fragen geworden. Ich freue mich schon darauf, ihm eines Tages im Himmel zu begegnen.

In so manchem Rocker schlägt ein abenteuerliches treues, liebevolles und anteilnehmendes Herz. Auch Motorradfahren übt weiter einen großen Reiz auf mich aus. Der Wunsch, dazuzugehören, und der Traum, so zu sein wie sie, hat sich allerdings verändert, denn ich habe mein Vorbild gefunden: Jesus!

Fürchte dich nicht

Seit einiger Zeit besuche ich die Schwester meiner Freundin, die an MS erkrankt ist. Christa ist eine junge Frau von Mitte zwanzig, verheiratet und Mutter einer entzückenden Tochter. Sie ist eine lebensbejahende und fröhliche Person und hat eine liebenswerte Ausstrahlung. Manchmal bin ich nicht gut drauf, wenn ich bei ihr vorbeischaue, aber wenn ich mich dann wieder auf den Heimweg mache, kommt es mir so vor, als hätte eine Veränderung stattgefunden. Ich bin innerlich ausgeglichen und zufrieden und mein Herz ist dankbar und froh über viele Kleinigkeiten im Alltag, die mir so oft selbstverständlich sind.

Wie kommt es nur, dass eine junge Frau, die durch ihre Erkrankung inzwischen ans Bett gefesselt ist, die kaum noch sehen kann und an manchen Tagen noch nicht einmal die Kraft hat, ihr Kind in den Armen zu halten, so eine Stärke, innere Geborgenheit,

Freude und Zuversicht besitzt? Schließlich weiß sie ja, dass sie nicht mehr lange leben wird.

Da ihr Augenlicht immer schlechter wird, bittet sie mich, ihr vorzulesen. Eine Bitte, die ich ihr gerne erfülle. Meistens sind es Abschnitte aus der Bibel oder einzelne Verse, die handschriftlich auf kleinen Zetteln stehen. Als ich sie einmal danach frage, wann und warum sie die Sätze aufgeschrieben hat, lächelt sie in sich hinein. Sie zieht mich zu sich heran und flüstert mir ins Ohr: »Das habe ich immer dann getan, wenn mir die Worte in wunderbarer Weise Zuspruch, Trost, Hoffnung oder Bestätigung gewesen sind oder eine Antwort auf Fragen, die ich hatte.«

Ich weiß, dass die Schwester meiner Freundin Christ ist, und sie hat mich darüber öfters ins Staunen gebracht, wie viel Halt ihr der Glaube gibt. Wie kann jemand, der so leiden muss, überhaupt an Gottes Liebe und Gerechtigkeit glauben und für vieles sogar echte Freude und Dankbarkeit empfinden?

Damals konnte ich noch nicht so recht etwas damit anfangen. Zwar hatte ich von der Bibel, Gott und Jesus schon gehört, aber ich konnte diese Begriffe nicht mit Inhalt füllen. Mein Kopf war voller Evangelium, aber mein Herz irgendwie nicht davon berührt.

Einmal, als ich sie besuche und es ihr sehr schlecht geht, schenkt sie mir einen Zettel mit einem Vers und sagt mir, dass sie ihn für mich ganz persönlich aufgeschrieben hat. An der krakeligen Schrift erkenne ich, wie schwer es ihr gefallen sein muss und wie viel Anstrengung es sie gekostet hat. Es berührt mich tief und ich nehme den Zettel an mich. Von meinem damaligen Freund habe ich eine Bibel geschenkt bekommen und ich lege das Blatt ungelesen am Abend dort hinein.

Irgendwie werden meine Besuche weniger, vielleicht liegt es auch daran, dass mir der gesundheitliche Zustand von Christa sehr an die Nieren geht. Sie bekommt inzwischen Flüssignahrung, kann kaum noch sprechen, ist von den vielen Medikamenten aufgedunsen und fast blind. Was soll man einem jungen Menschen, der so viele Pläne und Träume für sein Leben hat, denn noch sagen, womit soll man ihn trösten, welche Hoffnung kann ich geben? An manchen Tagen habe ich ein schlechtes Gewissen, wenn ich an sie denke. Oder ich sehe die leeren und traurigen Augen der Mutter vor mir, die fast Tag und Nacht an ihrem Bett sitzt und sie rund um die Uhr pflegt.

An dem Tag, an dem Christa stirbt, bin ich wieder bei meiner Freundin. Die Gemeindeschwester, die gerufen worden ist, bittet uns darum, nach oben zu kommen, da es mit Christa wohl zu Ende geht. Wir treten an ihr Bett, sie ist schon nicht mehr bei Bewusstsein. Man ermutigt uns, Abschied zu nehmen, der Sterbenden etwas Persönliches zu sagen, ihr noch einmal über den Kopf zu streichen oder ihre Hand zu nehmen. Es ist das erste Mal in meinem Leben, dass ich mich bewusst mit dem Tod auseinandersetze. Ich erlebe eine stille, andächtige und doch für mich bedrückende Atmosphäre. Eine Kerze brennt, die Mutter weint leise vor sich hin und meine Freundin wird plötzlich von Weinkrämpfen geschüttelt. Ich versuche, sie zu trösten, komme mir aber dabei so hilflos und ohnmächtig vor.

Es ist der Gesichtsausdruck der Sterbenden, der mir mit einem Mal innere Ruhe in dem Erlebten schenkt: wie ein tiefer Friede, ja sogar Freude, und ich habe das Gefühl, hier freut sich jemand auf das, was nach dem Tod kommt. Ich erinnere mich, dass Christa mir mal gesagt hat, sie werde eines Tages bei ihrem Vater im Himmel zu Hause sein und es gebe einen Ort, wo alle Tränen, aller Schmerz und alles Leid ein Ende hat. Von einem Paradies hat sie gesprochen. Ob sie sich wohl auf dem Weg dorthin befindet?

Die Wirklichkeit holt mich zurück und ein lautes Schreien und Weinen bezeugt, dass der Tod bei Christa eingetreten ist.

Später dann, als ich allein in meinem Zimmer bin, fällt mir der Bibelvers ein, den ich in meiner Bibel aufbewahrt habe. Irgendwie habe ich das Bedürfnis, ihn jetzt zu lesen, vielleicht auch, um Christa noch einmal nah zu sein.

Es ist ein Vers aus Jesaja: »Fürchte dich nicht, denn ich habe dich erlöst, ich habe dich bei deinem Namen gerufen, du bist mein.« Darunter steht: »Diesen Vers habe ich für Dich persönlich ausgesucht und ich wünsche mir, dass er Dein Herz erreicht und Du spürst, dass Du gemeint bist. Alles Liebe, Christa.« In diesem Moment erwischt es mich. Nicht nur, dass plötzlich die Tränen fließen, sondern mich trifft auch die Erkenntnis, dass Gott mich persönlich beim Namen ruft, mich kennt, dass ich, Angelika, ihm wichtig und wertvoll bin und dass er mich liebt. So sehr, dass er seinen Sohn für mich gegeben hat. In dieser Nacht vertraue ich mein Leben Gott an und bringe ihm alles, was mir auf dem Herzen liegt. Ich werde diese Nacht nie vergessen und auch die Beerdigung von Christa nicht, die ein paar Tage später unter großer Anteilnahme unsagbar vieler Menschen stattfindet. Der Predigttext, den sich die Verstorbene gewünscht hat, ist genau der Vers aus Jesaja, den sie mir persönlich geschenkt hat. Die Trauerfeier wird zu einer Evangelisation.

Obwohl wir an diesem Tag Abschied nehmen, ist es für mich irgendwie nicht mehr so traurig. Mit einem Mal weiß ich, dass es irgendwann ein Wiedersehen gibt und Christa uns nur vorausgegangen ist.

Eine junge, sterbenskranke Frau ist mir

zum Zeugnis geworden und hat mir durch ihre Art, Gottes Liebe durch ihren Glauben zu leben, das größte Geschenk meines Lebens gemacht. Ich darf mich Gottes Kind, seine geliebte Tochter nennen und seine spürbare Nähe an jedem Tag erleben.

Ich brauche mich nicht zu fürchten, nicht im Leben und nicht im Tod.

Du bist wertvoll und von Gott geliebt

Der Wecker klingelt, es ist fünf Uhr, Zeit aufzustehen.

Mein Dienst in der ambulanten Krankenpflege beginnt um sechs Uhr.

Vorher muss ich noch meinen Dienstwagen im Nachbarort abholen, meine Tasche packen und Medikamente für die Patienten vorbereiten. Eigentlich würde ich mich gerne noch einmal umdrehen, es fällt mir schwer, mein warmes Bett zu verlassen.

Nach einem guten Frühstück und frischem Kaffee mache ich mich auf den Weg. Es beginnt schon hell zu werden und allmählich fällt auch die Müdigkeit von mir ab.

Ein mutmachender und schöner Vers aus der Bibellese begleitet mich in den Tag,

»Du bist wertvoll und von Gott geliebt.«

Der Gedanke an meine erste Patientin geht mir durch den Kopf. Es ist eine fast achtzigjährige Frau, die durch einen schweren Schlaganfall zum Vollpflegefall geworden ist. Meistens ist sie sehr früh wach und wartet immer schon eine Weile auf mich, wenn ich komme.

Inzwischen bin ich im Büro angekommen und sehe mir meinen Dienstplan noch einmal an, bespreche die wichtigen Abläufe des Tages und nehme mir die entsprechenden Schlüssel für die Wohnungen meiner Pflegefälle aus dem Regal.

Ich habe sechs Stunden Dienst (inklusive einer einstündigen Dienstbesprechung) und acht Patienten unterschiedlichster Pflegestufen in mehreren Orten im Umkreis von 20 Kilometern. Das bedeutet eine straffe Zeiteinteilung und die Hoffnung, dass ich nicht wieder an der Baustelle im Stau stehe.

Auf dem Flur kommt mir meine Kollegin entgegen und drückt mir eine Tafel Schokolade in die Hand. Ein lieber Gruß von einem meiner Patienten, umwickelt mit einem selbst gemalten Bild. Fast kommen mir die Tränen, wenn ich daran denke, wie viel Mühe es ihm bereitet haben muss, einen Stift in der Hand zu halten, geschweige denn zu malen. Ich sehe ihn vor mir am Fenster sitzen, wie er mir zuwinkt, wenn ich durch den Garten ins Haus komme, um ihm seine Medikamente zu verabreichen, ihm sein Insulin zu spritzen und seine offenen Beine zu salben und neu zu verbinden. Heute möchte ich ihm einmal sagen:

»Du bist wertvoll und von Gott geliebt.«

Pünktlich treffe ich bei meiner ersten Patientin ein. Ich höre sie schon draußen auf der Treppe meinen Namen rufen. Ein strenger Geruch weht mir beim Öffnen der Wohnungstür entgegen. Die Nacht ist lang gewesen und nicht spurlos an der Frau vorübergegangen. Zunächst erlöse ich sie von der Dunkelheit und ziehe die schweren Vorhänge auf. Ein erstes Lächeln huscht über ihr Gesicht. Endlich Tag!

Danach befreie ich sie von dem nassen Nachthemd und der vollen Windel und stelle dabei fest, dass bereits das Bett in Mitleidenschaft gezogen ist. Also muss ein frisches Laken und Bettwäsche her. Vorher jedoch wasche ich ihren Körper, vom Gesicht angefangen, vorsichtig mit warmem Wasser und ihrer Lieblingsduftseife. Beim Trockenrubbeln kichert sie wie ein kleines Mädchen und beim Eincremen ihrer Arme und Beine stimme ich herzlich in das Lachen ein. Es ist unser morgendliches Ritual.

Nachdem ich ihr frische Sachen angezogen, die Windel erneuert und das Bett bezogen habe, putze ich ihr die Zähne – es sind immer noch ihre eigenen – und creme ihr das Gesicht ein, was sie besonders gern mag. Ihre langen seidigen Haare werden gebürstet und ein wenig zusammengerafft.

Jetzt ist es an der Zeit, frische Luft in das Zimmer zu lassen. Ich öffne weit die Fenster und atme tief ein. Als ich mich umdrehe, strahlt sie mich an und sieht dabei dankbar und zufrieden aus. Ich streiche meiner Patientin noch einmal sanft über das Haar, um ihr mit meiner Geste zu sagen:

»Du bist wertvoll und von Gott geliebt.«

Die Uhr rennt, und ich stelle fest, dass ich schon zehn Minuten über meiner zur Verfügung stehenden Zeit bin. Ich verabschiede mich von meinem »alten Mädchen«, schließe die Fenster und mache mich auf den Weg.

Zwei Schwestern, eine sitzt im Rollstuhl, die andere ist ein Vollpflegefall, erwarten mich wie jeden Morgen mit einem liebevoll gedeckten Frühstückstisch. Zunächst versorge ich sie mit dem, was sie jeweils brauchen. Wobei die Rollstuhlpatientin viele Dinge noch selbst handhaben kann. Nach einer guten halben Stunde haben wir es fürs Erste geschafft.

Duftende Brötchen, Servietten in leuchtenden Farben, Kerzen und frischer Kaffee sind wie Labsal für meine und für ihre Seelen. Eigentlich ist es mir nicht möglich, mir während des Dienstes und dann auch noch mit Patienten Zeit für ein Kaffeepäuschen zu nehmen. Aber ich hänge für meine »sisters« gerne eine Viertelstunde dran. Munter plaudern sie drauflos und die Schwester im Rollstuhl bedient mich wie einen königlichen Gast. Fast beschämt es mich, aber ich weiß, wie viel Freude es den beiden bereitet, »offiziellen Besuch« zu haben. Sie haben keinerlei andere Kontakte und es ist eine Wonne, sie in ihrer Gestik und Mimik zu beobachten.

Am liebsten würden sie mich gar nicht gehen lassen und packen mir, wie üblich, schon ein Brötchen für unterwegs ein. Länger als nötig halten sie meine Hand beim Abschied, so muss ich sie einfach noch einmal an mich drücken, um jeder der zwei Schwestern zu zeigen:

»Du bist wertvoll und von Gott geliebt.«

Mein nächster Patient bekommt seine Medikamente und eine Spritze von mir. Es dauert lange, bis er mir die Tür öffnet. Bisher hat er den Weg gut geschafft, aber seine Beine wollen nicht mehr so recht. Er wirkt sehr deprimiert und traurig. Ich setze mich zu ihm an den Tisch. Unter Tränen erzählt er mir seine Lebensgeschichte und dass er unter den jetzigen Lebensumständen eigentlich gar nicht mehr leben möchte. Er berührt mein Herz und es fällt mir schwer, ermutigende Worte zu finden. Zwischendurch schaue ich auf die Uhr und ich weiß, dass mein Zeitplan nicht einzuhalten ist. Vor mir sitzt ein einsamer und hoffnungsloser Mensch und ich wünsche mir nichts mehr in diesem Moment, als dass ich ihm vermitteln kann:

»Du bist wertvoll und von Gott geliebt.«

Ein bisschen ist mir mein Herz schwer, als ich das Haus verlasse, aber ich weiß, dass ich für den Mann nicht mehr tun kann. Es gibt so viele einsame, kranke, hoffnungslose und lebensmüde Menschen auf dieser Welt. Vielleicht hat mein Gespräch und die Zeit, die ich mir für ihn genommen habe, ja für einen kleinen Moment sein Leben heller gemacht.

Bei der nächsten Patientin ist Badetag. Die Dame ist zwar eingeschränkt, aber noch nicht voll pflegebedürftig. Zudem erledige ich für sie kleinere Einkäufe. Sie freut sich jedes Mal wie ein kleines Kind, wenn sich die Verpackungen mal wieder geändert haben. Natürlich stehen auch zwei Überraschungseier auf der Einkaufsliste. Ihre Augen strahlen beim Auspacken der Schokolade mit Inhalt wie Kinderaugen am Weihnachtsabend.

Nachdem wir gemeinsam den Einkauf in die Schränke eingeräumt haben, lasse ich das Badewasser ein. Zwischendurch erzählt sie mir von dem Streit mit ihren Kindern, die sich ganz von ihr abgewendet haben. Ich denke dabei an meine Kinder, die bereits erwachsen sind, und kann mir vorstellen, wie schmerzlich es wäre, keinen Kontakt mehr mit ihnen zu haben und nicht mehr gegenseitig an dem Leben des anderen teilhaben zu können.

Zögerlich lässt sich die alte Dame von mir beim Ausziehen helfen. Irgendwie wirkt sie sehr bedrückt.

Ich lasse sie mit dem Wannenlift sacht ins Wasser gleiten. Beim Waschen schaut sie mich mit traurigen Augen an und bittet mich allen Ernstes, ich möge sie in der Wanne ertrinken lassen. Ich bin sprachlos und zunächst echt geschockt. Dann bietet sie mir auch noch alle Ersparnisse aus der Kommode als Dankeschön für meine Sterbehilfe an. Ich merke, wie das Blut in meinen Adern gefriert. Ich muss mich kneifen, um sicherzustellen, dass ich nicht einen bösen Traum träume. Liebevoll, aber bestimmt, beende ich das Bad meiner Patientin. Vorsichtig hebe ich sie vom Wannenlift und wickele sie in ein großes angewärmtes Badetuch. Plötzlich brechen die Dämme und sie fängt bitterlich an zu weinen. Ich nehme sie in den Arm und wiege sie wie ein kleines Kind. Ich gebe ihr zu verstehen, dass niemand das Leben so einfach selbst beenden kann und dass Gott sie lieb hat mit allem, was ihren

Alltag ausmacht. Sie besinnt sich auf ihre Kindergebete und ich ermutige sie, Gott um Kraft, Hoffnung und Freude in ihrer Situation zu bitten.

Allmählich beruhigt sie sich, sie lächelt sogar ein bisschen und wischt sich die Tränen ab. Und ich bete innerlich und wünsche mir, dass Gott ihr die Gewissheit schenkt:

»Du bist wertvoll und von Gott geliebt.«

Als ich das Haus verlasse, sitzt sie am Fenster und winkt mir zu. Ich lasse sie nicht gerne allein und sie wird mich noch eine ganze Weile an diesem Tag in Gedanken begleiten.

Meine »old gentlewoman« steht noch auf meinem Plan. Die alte Dame benötigt Hilfe beim Ankleiden und Waschen. Zudem bereite ich ihr das Frühstück. Diese Patientin nimmt alles sehr genau. Sie ist die Witwe eines wohlhabenden Geschäftsmannes und legt sehr viel Wert auf Etikette. Nachdem ich ihr nach der Wasch- und Anziehaktion die feinen Seidenstrümpfe angezogen habe, lege ich ihr wie jeden Morgen ihre Perlenkette an. Das Kaffeegedeck mit dem Goldrand steht bereits neben der Tageszeitung auf ei-

ner weißen frisch gestärkten Damasttischde-
cke. Sie legt sich ihre blütenweiße Serviette
auf den Schoß und ich gieße ihr den Kaffee ein. Als sie in ihr Marmeladenbrötchen
beißt, fällt ein großer Klecks Marmelade auf
ihre schöne Bluse und zieht einen langen roten Streifen nach sich. Völlig aufgelöst über
ihr Missgeschick schimpft sie lauthals los.
Wieder einmal reicht meine berechnete Zeit
vorne und hinten nicht. Nachdem ich meiner alten Lady eine frische Bluse angezogen
habe und sie wieder in kerzengerader Hal-
tung am Tisch sitzt, muss ich ein wenig in
mich hinein schmunzeln und denke – auch
du …

»Du bist wertvoll und von Gott geliebt.«

Ich bin spät dran und besuche im Nachbarort meinen vorletzten Patienten. Einem
älteren zufriedenen Herrn gebe ich eine
Insulinspritze und messe ihm den Blut-
druck. Seine Frau öffnet mir die Tür mit
dem kleinen Vorwurf, dass ich mich ver-
spätet habe. Aber dann lacht sie mich fröhlich an und meint, ich solle sie nicht ernst
nehmen, und führt mich ins Wohnzimmer.
In diesen Räumen ist eine Behaglichkeit

und Wärme zu spüren. Wenn ich mir die beiden so anschaue, empfinde ich die tiefe Liebe, die die Eheleute miteinander verbindet. Es ist eine Freude, den alten Menschen abzuspüren, was sie voneinander denken. Hier brauche ich keine Worte, es leuchtet in ihren Augen:

»Du bist wertvoll und von Gott geliebt.«

Der Besuch hat mich ein wenig zur Ruhe kommen lassen. Nun ist mein Dienst fast zu Ende.

Ich muss nur noch zu meinem »Schokoladenpatienten«.

Der Weg dahin führt mich durch einen wunderschön angelegten Garten, bunt und vielfältig in seiner Blumenpracht. Wie immer sitzt der an den Rollstuhl gefesselte Mann mittleren Alters am Fenster und freut sich, dass ich komme. Beim Verbandswechsel unterhalten wir uns über Gott und die Welt. Er ist ein Patient, mit dem ich schon viele gute und interessante Gespräche geführt habe. Aber was ich an dem Tag nicht weiß: Das wird mein letztes Gespräch mit ihm sein, denn in der darauffolgenden Woche stirbt er.

Heute bin ich froh, dass ich es ihm an jenem Tag noch sagen konnte:

»Du bist wertvoll und von Gott geliebt.«

Meine Insel

Ich spüre den warmen Sand unter meinen Füßen. Nur noch wenige Schritte und ich erreiche das Meer. Die Insel ist für mich wie eine Oase, in der ich auftanken, neue Kräfte sammeln und meinem Alltag für eine Weile entfliehen kann. Ich freue mich auf die langen und ausgiebigen Strandspaziergänge, die Sonnenuntergänge, die Wellen, die Ruhe und Entspannung. Hier kann ich loslassen, verarbeiten, schreiben, Entscheidungen treffen oder einfach nur meine Seele baumeln lassen. Hier fühle ich mich Gott und seiner wunderbaren Schöpfung besonders nah. Wie oft bin ich ihm in Gedanken und im Gebet hier in der Einsamkeit schon begegnet. Es ist wohltuend, mit ihm unterwegs zu sein.

Am Horizont fängt die Sonne langsam an unterzugehen. Ich erklimme den Dünenhügel und für einen Moment lasse ich mich im aufgewärmten Sand nieder. Eine Atempause, wie sie mir gefällt.

Einige Jahre zuvor war ich an derselben Stelle und betrachtete gerade den farbenprächtigen Sonnenuntergang, als ein Mann mich fragte, ob er sich für einen Augenblick zu mir setzen dürfe. Zunächst befremdete mich sein Anliegen, aber da er einen freundlichen und sympathischen Eindruck machte, hatte ich nichts dagegen einzuwenden …

»Was für ein herrliches Wechselspiel von Licht und Schatten und diese Farbenpracht am Himmel.« Zunächst bin ich ein wenig irritiert, dass er mich anspricht. Aber dann betrachte auch ich dieses faszinierende Farbenspiel und beginne zu staunen. »Tatsächlich, der Himmel, der sich im Meer spiegelt, umfasst eine ganze Farbpalette. Hellgrau, Dunkelgrau, Rosa, Violett, ein wenig Orange, Blau.«

»Beschreiben Sie das Meer und sein Ufer!« Die Stimmung im Meer ist schon schwerer zu erklären. »Mal kräftiges Blau, Grau, Braun, Weiß bis hin zu Türkis. Manchmal peitscht die Gischt weiß in den Wellen.« Plötzlich habe ich das Gefühl, das Meer zu riechen, das Kreischen der Möwen intensiver wahrzunehmen. Ich spüre den Wind auf meiner Haut, beobachte das Wasser, das durch seinen Lauf am Strand die schönsten Muster entstehen lässt. Ein Vater hält sein Kind an der Hand und läuft der anrollenden Welle entgegen, der kleine Junge juchzt vor Freude.

Mir ist, als habe der Mann neben mir meine Sinne neu geweckt. Ich nehme alles um mich herum auf einmal bewusster wahr. Fast berührt die Sonne das Meer, ein wunderschöner Anblick, jetzt taucht sie hinein wie ein roter Feuerball und versinkt. Dieses Erleben füllt mein Herz mit tiefer Dankbarkeit. Fast habe ich den Mann neben mir vergessen, als er mich erneut anspricht. »Anscheinend sind Sie der Schönheit dieser Insel und ihrer Farbenpracht erlegen.« Daraufhin muss ich herzlich lachen, ja, er hat recht. »Hätten Sie nicht Lust, mein Malatelier am Meer zu besuchen?« So erfahre ich, dass der Fremde ein bekannter Maler auf der Insel ist. Jetzt scheinen mir auch seine Fragen schlüssig. Da ich gerade erst ein paar Stunden auf der Insel bin, brauche ich noch ein wenig Zeit für mich, um anzukommen. Aber ich verspreche ihm bei der Verabschiedung, in den nächsten Tagen mal reinzuschauen.

Irgendwann statte ich dem Atelier tatsächlich einen Besuch ab. Der Künstler und Maler, der mich vom Strand wiedererkennt, führt mich durch seine Galerie. Wow, ich bin echt von den Socken. Die Meerbilder faszinieren mich am meisten. Draußen gibt es einen kleinen Garten, in dem einige Tische stehen, auf denen sich verschiedenfarbige Kästchen mit Malkreiden befinden. Ein paar Männer und Frauen tragen sie voller Eifer und Kreativität mit einer bestimmten Wischtechnik, wie ich später erfahre, auf ein weißes Blatt auf. Hier und da kann ich schon Ansätze von einem Bild erkennen. So etwas zu können, ist schon klasse. Der Maler bietet mir an, an einem Probemalkurs teilzunehmen. Licht und Schatten, das Wechselspiel der Farben, bestimmte Techniken und ein besonderer Lehrmeister führen mich langsam an die Malerei heran. Obwohl ich noch nie gemalt habe, entdecke ich in den nächsten Tagen Freude daran und es entsteht ein erstes Bild.

Später besuche ich mit einer Freundin noch weitere Malkurse. Dieses Erleben hat meinen Alltag reich beschenkt. In unterschiedlichen Lebensphasen hat mir die Malerei geholfen, Schweres zu verarbeiten. Aber ich habe auch mitten in den Farben Freude entdeckt, gestaunt und Erfüllung gefunden. Später habe ich selbst an Ausstellungen teilgenommen und viele meiner gemalten Bilder verschenkt.

Ja, so ist mir die Begegnung mit einem unbekannten Maler zum Segen geworden. Auch heute noch komme ich gerne hierher. Mein Empfinden für das einmalige Naturschauspiel und die vielen schönen und wunderbaren Einblicke auf meiner Insel lassen mein Herz immer wieder jubeln, und ich danke Gott, dass ich daran teilhaben darf.

Der gute Hirte

Während meiner Ausbildung zur Klinischen Seelsorgerin gehörten Besuche im Krankenhaus zu meiner Aufgabe.

Zum ersten Mal ging ich auf die Intensivstation. Der Patient, fünfzig Jahre alt, hatte sich im Alkoholrausch fast zu Tode gestürzt, Lungenriss, Lungenzirrhose, hinzugekommen war eine infektiöse Leberentzündung. Er war an unzählige Geräte angeschlossen und nicht in der Lage zu sprechen, sehr geschwächt. Verständigen konnte er sich nur mit seinen Augen. Mir fiel es schwer, die richtigen Worte zu finden, so habe ich ihm die Geschichte vom guten Hirten aus der Bibel erzählt, seine Hand gehalten, die er mir zwischendurch immer wieder gedrückt hat, und ihm zu verstehen gegeben, wie sehr Gott ihn liebt. Ich habe ihn ermutigt, mit Gott zu reden und ihm alles anzuvertrauen, was er auf dem Herzen hat.

Heute – beim zweiten Besuch – muss ich

mir einen Mundschutz anlegen und einen Kittel anziehen. Der Kranke liegt wieder auf der normalen Station und kann sich, wenn auch unter Schwierigkeiten, verständigen. Ein bisschen mulmig ist mir zumute, weil ich nicht weiß, wie er reagieren wird und meinen ersten Besuch wahrgenommen hat. Ich begrüße ihn und setze mich auf den Stuhl neben seinem Bett. Er sieht nur meine Augen, und ich kann mir schlecht vorstellen, dass er weiß, wer ich bin. Doch, er erinnert sich an mich und daran, dass ich ihm erzählt habe, wie sehr Gott ihn liebt und wie wertvoll er ihm ist. Er legt seine Hand auf sein Herz, und nun kommen ihm die Tränen. Es berührt mich, dass der Mann das so bewusst aufgenommen hat. »Ja«, sagt er, »aber es fällt mir schwer, es für mich anzunehmen. Ich kann nicht glauben, dass Gott einen Menschen wie mich liebt, und erst recht nicht, dass ich wertvoll bin.« Er streckt mir seine Hand entgegen, ich halte sie fest und frage: »Haben Sie es Gott gesagt?«

»Ja, schon öfters, und ich hatte zumindest das Gefühl, dass er mich gehört hat. Ich war so aufgewühlt, so alleine, so müde von meinem Leben und habe dann das getan, was Sie mir gesagt haben. Ich habe alles bei Gott abgeladen und habe danach eine große innere Ruhe empfunden. Es war so, als hätte mir jemand einen großen Stein vom Herzen genommen.« Der Patient fängt an zu weinen und lässt meine Hand los. »Ich habe gedacht, wie kann Gott mich lieben, wo ich so ein Scheißkerl bin. Sie kennen doch das Gebot ›Du sollst nicht töten!‹. Ich habe dieses Gebot gebrochen, ich habe getötet, habe als Fremdenlegionär Menschen umgebracht, immer wieder sehe ich diese Bilder vor mir, ich bin ein Mörder. Wer will denn mit so einem etwas zu tun haben? Ich bin ein elender Mörder! Meine Frau und mein Kind haben mich schon vor längerer Zeit verlassen.«

In dem Moment merke ich, wie sehr ich Gottes Beistand brauche, und ich bitte ihn, mir jetzt die richtigen Worte zu schenken: »Ich kann mir nicht vorstellen, was diese Gefühle, diese Bilder mit Ihnen machen, aber es muss grausam für Sie sein. Zumal Sie es ständig vor Augen und präsent haben. Vielleicht ging es Ihrer Frau ja auch über die Kräfte, Ihnen nicht helfen zu können. Haben Sie schon einmal mit jemandem darüber gesprochen? Vielleicht haben Sie ja jetzt hier im Krankenhaus die Möglichkeit, sich erfahrenen Leuten anzuvertrauen, die Ihnen helfen können, Ihr Trauma zu verarbeiten.«

»Vielleicht. Meinen Sie, dass Gott so einen wie mich wirklich lieben könnte?«

»Ja, und Sie dürfen zu Gott kommen wie Sie sind und mit allem, was Sie ausmacht. Sie dürfen ihm auch Ihre Vergehen bringen, Ihre Schuld, Ihre Verzweiflung und Ihre Ängste. Gott liebt Sie und Sie sind ihm wertvoll.«

»Aber, ich habe Menschen getötet und so eine große Schuld auf mich geladen.«

»Gott hat für Ihre und meine Schuld bezahlt, indem er seinen Sohn für uns gab. Er ging für uns ans Kreuz und nahm die Schuld auf sich. Er hat es aus Liebe zu uns getan.«

»Sie meinen, er tat es auch für mich? Meinen Sie, er könnte auch mir vergeben?«

Ich erzähle ihm die Geschichte von dem Verbrecher, der neben Jesus am Kreuz hing und Jesus um Vergebung für seine Sünden bat. Ihm, der keine Möglichkeit mehr hatte, sein Leben zu ändern und Gutes zu tun, ihm gab Jesus die Verheißung, dass seine Schuld vergeben und er mit ihm im Paradies sein würde. »Ja, Gott vergibt Ihnen und Sie dürfen das Geschenk seiner großen Liebe annehmen. Er will Sie verändern, es gibt auch für Sie einen neuen Anfang. – Wissen Sie, auch in meinem Leben gab es Verletzungen, Schuld und Verzweiflung, auch ich durfte Vergebung erfahren und versöhnt sein mit Gott. Er hat mich heil werden lassen, mich getröstet, gestärkt und ermutigt. Er hat mir neue Wege gezeigt, die ich an seiner Hand gehen darf.«

Der Patient drückt erneut meine Hand. »Es hört sich gut an und ich glaube, Sie meinen es ehrlich.«

Da ich spüre, dass mich das Gespräch sehr anstrengt, biete ich ihm an, für ihn noch ein Gebet zu sprechen, und danach verabschiede ich mich. Der Patient zieht sich an meiner Hand hoch und nimmt mich in den Arm: »Bitte versprechen Sie mir wiederzukommen, und möglichst bald!«

»Ich komme wieder. Und denken Sie daran, Gott ist jederzeit für Sie zu sprechen.«

Vor der Zimmertür fühle ich mich erschöpft und wünsche, Gott würde sich jetzt mit mir ins Café setzen und wir könnten uns unterhalten.

Im Flur begegne ich dem Pastor und Krankenhausseelsorger. Er fragt mich, ob ich mit ihm in sein Büro kommen möchte. Fast kommt es mir vor wie eine Gebetserhörung. Wir haben ein gutes und seelsorgliches Gespräch. Ich bin dankbar für das herzliche Miteinander. Ich merke, wie gut es ist, aufzuatmen und das Schwere mit dem anderen zu teilen.

Der Patient geht mir noch lange nach, ich habe ihn mit in mein Gebet genommen und wünsche mir, dass Gott sein Herz öffnet, ihm einen neuen Anfang schenkt.

Ein Pastor in Afrika

Am letzten Tag meines Praktikums im Krankenhaus möchte ich noch einmal den Patienten besuchen, der zuerst auf der Intensivstation lag, bevor er später auf die normale Station verlegt wurde. Da er immer noch ansteckend ist, muss ich wieder Mundschutz und Kittel tragen. Die Schwester sagt mir, dass er gerade eine Lungenspiegelung hinter sich hat und ein wenig Gesellschaft gebrauchen kann.

»Guten Tag, wie geht es Ihnen heute?«

»Beschissen, aber kommen Sie doch rein!«

»Ich habe schon gehört, dass Sie am Morgen eine unangenehme Untersuchung hatten.«

»Ja, echt ätzend, aber es gibt Schlimmeres. Dafür konnte ich die Untersuchung auf dem Bildschirm verfolgen. Ist schon irre, wie weit die Technik heute ist. Tja, das hätte ich mir damals in Afrika auch gewünscht.«

Ich setze mich zu ihm: »Ja, das ist wirklich

ein Fortschritt, was die Medizin alles möglich macht. Aber was hat es mit Afrika auf
sich?«, erkundige ich mich.

»Ich hatte damals einen Einsatz in Afrika. Ich war Leutnant und musste mit meinem Trupp durch ein sumpfiges Gebiet,
dabei habe ich mir irgendwie eine Infekti-
on zugezogen. Ich bekam hohes Fieber und
war wohl im Delirium. Meine Kameraden
brachten mich dann in eine Mission. Dort
war auch eine Krankenstation, die allerdings nicht so gut ausgestattet war wie ein
normales Krankenhaus. Später sagte man
mir, ich sei dem Tode näher gewesen als
dem Leben.« Der Patient wirkt auf einmal
sehr traurig und resigniert: »Wäre ich doch
gestorben!«

Irgendwie weiß ich jetzt nicht so recht
weiter, möchte ihm aber meine Wertschätzung entgegenbringen: »Gut, dass Sie nicht
gestorben sind. Sonst hätte ich Sie ja gar
nicht kennengelernt, und das wäre echt
schade!«

»Sie sind schon ein Goldstück! Im Übri-
gen war der Krankenhausseelsorger bei mir,
der ist auch voll in Ordnung, genau wie Sie.

Dieser Pastor und Sie geben mir das Gefühl, ein wertvoller Mensch zu sein. Wissen Sie, meine Mutter hat mich nicht gewollt, sie hat mich einfach vor eine Tür gelegt und ist auf und davon. Mein Vater war Alkoholiker. Ich war in drei Pflegefamilien, aber keine hat mir gegeben, wonach ich mich sehnte, Liebe und Geborgenheit. Meine Kindheit war nicht leicht und später wurde es auch nicht viel anders. Ich bin immer herumgeschubst worden, keiner wollte mich wirklich.«

Mitfühlend drücke ich ihm die Hand. »Das muss schlimm für Sie gewesen sein!«

»Ja, das war es. Einmal in meinem Leben hatte ich einen Freund. Es war nach der Grundschule. Wir saßen im Unterricht nebeneinander. Auch in der Freizeit waren wir wie Pech und Schwefel und gingen gemeinsam durch dick und dünn. Eines Tages zog er mit seinen Eltern weg, das war sehr schwer für mich. Aber ich habe ihn wiedergetroffen, und wissen Sie, wo?«

»Nein, aber Sie machen mich neugierig.«

»Damals in Afrika gab es neben den Schwestern und Ärzten auch einen Pastor. Er kam mir irgendwie bekannt vor, aber ich wusste nicht, woher. Als es mir später besser ging, unterhielten wir uns und stellten fest, dass wir im gleichen Ort gewohnt hatten und zur selben Schule gegangen waren. Dann fiel es mir wie Schuppen von den Augen. Es war mein alter Kumpel und Freund. Können Sie sich vorstellen, wie sehr ich mich gefreut habe? Wir hatten dann eine intensive Zeit mit vielen tiefen, guten Gesprächen. Da hörte ich das erste Mal von Gott, und dass er mich liebt und ich ein wertvoller Mensch bin. Es waren dieselben Worte, die Sie mir auf der Intensivstation gesagt haben. Das hat mich sehr berührt … Aber vielleicht langweile ich Sie, so ein alter Knacker, der seine Geschichten aufwärmt. Heute bin ich ein Nichts und beziehe Arbeitslosengeld.«

»Für mich bleiben Sie trotz allem ein wertvoller Mensch. Ich könnte Ihnen stundenlang zuhören. Sie haben ein sehr schweres und bewegtes Leben hinter sich. Ich bin sicher, Gott wird mit Ihnen sein. Er liebt Sie und möchte, dass Sie ihm Ihr Leben anvertrauen mit allem, was dazugehört.«

»Ja, da bin ich auch mit dem Pastor im Gespräch.« Er schmunzelt: »Ich scheine Ihnen beiden ja echt am Herzen zu liegen.« Jetzt lache ich auch. Er erzählt mir noch, dass ihm der Krankenhausseelsorger eine Bibel geschenkt hat und dass er darin liest. Auch würde er täglich mit Gott sprechen, was wir zum Abschluss auch noch tun. Es ist an der Zeit, mich zu verabschieden.

Es bewegt mich sehr, dass ein Mensch, der so viel durchlitten hat, auf einem guten und heilsamen Weg ist. Und ich wünsche mir, dass Gott seine Herzenstür aufmacht und er bereit ist, ein neues Leben mit Jesus zu wagen.

Erste Hilfe für die Seele

Ich sitze am Frühstückstisch und gehe in Gedanken meine Termine für den Tag durch. In einer Stunde muss ich im Büro sein, also habe ich noch ein wenig Zeit, meine Anliegen in der Stille vor Gott zu bringen. Meine Kinder gehen mir durch den Sinn, mein Mann, meine Freunde, meine Eltern, Menschen, mit denen ich täglich zu tun habe.

Wie dicht manchmal Kümmernisse, Leid, Trauer und Freude beieinanderliegen. Wie gut es ist, dass Gott mit mir geht, mich kennt und auch all die Dinge, die meinen Alltag ausmachen. Ich fühle eine tiefe Geborgenheit und spüre, wie sich allmählich Dankbarkeit und Zuversicht breitmachen und mich in den Tag begleiten. Mein Blick auf die Uhr sagt mir, dass bereits eine halbe Stunde vergangen ist und ich mich auf den Weg machen muss. Draußen zeigt sich die Sonne, es scheint ein schöner Tag zu werden.

Mein Handy klingelt, es gibt einen Notfallseelsorgeeinsatz. Seit Anfang des Jahres arbeite ich als Notfallseelsorgerin in einem Team, wir rechnen mit ungeplanten Einsätzen und sind darauf vorbereitet.

Ein Mann – Mitte fünfzig – ist in den Morgenstunden tot aufgefunden worden. Die Todesursache ist noch unklar. Ob ein Suizid (Selbsttötung) auszuschließen ist, werden die Untersuchungen der Kripo zeigen. Polizei, Notarzt und Rettungssanitäter sind bereits vor Ort und benötigen Notfallseelsorge für die Betreuung der Angehörigen.

Ich rufe kurz meinen Kollegen an, dass ich heute später oder gar nicht ins Büro komme.

Bei uns in der Notfallseelsorge gibt es eine klare Regelung: Noteinsätze gehen immer vor, weil Menschen, die in plötzlich auftretende Notfälle und Krisensituationen geraten, immer Vorrang haben und kurzfristig Hilfe und Beistand brauchen.

Die Konfrontation mit dem nahen oder plötzlichen Tod ist immer eine außergewöhnliche Belastung. Menschen kommen an ihre Grenzen, und darüber hinaus gerät oft ihr gesamtes Lebenskonzept ins Wanken.

Die Frage nach dem Warum wird gestellt, Verzweiflung und Sinnlosigkeit machen sich breit und können zu einer überwältigenden Kraft werden.

Gerade in Notsituationen können wir als Christen Zeichen der Hoffnung setzen, indem wir Menschen die Hand reichen, sie nicht allein lassen, sondern für sie da sind und sie begleiten. Wir können ihnen helfen, ihren Gefühlen Ausdruck zu geben, etwa mit Gesten, durch Zuhören, Beten und indem wir unseren Glauben bezeugen. Wenn wir Anteil nehmen, sie in den Arm nehmen oder einfach nur still anwesend sind, helfen wir ihnen, Abschied zu nehmen und zu trauern.

Notfallseelsorge ist Erste Hilfe für die Seele, muss ich denken. Hier gibt es keine Unterschiede mehr zwischen Konfession, Religion, Privat- oder Kassenpatient. Was zählt, ist der Mensch, einzigartig, wertvoll und von Gott zu seinem Ebenbild geschaffen.

Wer die Geschichte vom barmherzigen Samariter in der Bibel kennt (Luk. 10,25-37), weiß, dass der Samariter nicht erst nach Herkunft und Abstammung des hilflos Daliegenden fragt. Er handelt und ist präsent. Hier geht es um einen Menschen, der Hilfe braucht.

So steht auch in der Seelsorge immer erst der bedürftige Mensch im Vordergrund.

Ich packe also schnell meinen Notfallrucksack und mache mich auf den Weg. Vor dem Haus des Toten treffe ich mich mit einer Kollegin. Eine Kurzinfo der Polizei hilft uns, die Situation zu ordnen und uns auf die Betroffenen einzustellen.

Wir begegnen immer wieder Menschen, die in schwierigen Lagen sehr unterschiedlich reagieren und handeln. Dabei versuchen wir, einfühlsam auf die Bedürfnisse des Einzelnen einzugehen, was nicht immer einfach ist. Aber hier geht es nicht um meine Gefühle, sondern um die Gefühle und die Not meines Gegenübers, um seine Trauer, seinen Schmerz, seinen Verlust, seine Ängste, seine Wut und Hilflosigkeit.

Dabei stoßen wir als Notfallseelsorger auch immer wieder an unsere Grenzen. Gerade wenn es um den plötzlichen Tod von Kindern und Jugendlichen geht, um tragische Unfälle oder Suizid. Manchmal müssen wir auch einfach nur aushalten, wenn Eltern weinend zusammenbrechen, anklagen und fragen, wenn Schuldgefühle zu erdrücken drohen, wenn Sprachlosigkeit und Ohnmacht Raum einnehmen, wenn Schreie und Wut fast unerträglich werden. Da ist für mich persönlich oft das stille innere Gebet um Gottes Kraft, Liebe, Geduld und Weisheit im Umgang mit meinem Gegenüber eine große Hilfe.

Aber auch Schulungen, Workshops, Supervisionsstunden und der Austausch mit anderen Notfallseelsorgern geben mir Sicherheit und helfen mir im Umgang mit Krisensituationen.

In unserem aktuellen Einsatz haben wir es mit Angehörigen zu tun, die entsetzt und schockiert sind über das freiwillige Ableben eines nahestehenden Menschen, der gezeichnet ist von seiner Tabletten- und Alkoholsucht. Aber sie sind auch betroffen, hilflos, traurig und zum Teil sprachlos.

Wir verbringen einige Stunden miteinander, hören ihnen zu, halten Hände, reden, schweigen. Zwischendurch koche ich uns einen Kaffee, die Kripo nimmt ein Protokoll auf, was für die Angehörigen oft schwer einzuordnen ist.

Das Beerdigungsinstitut wird benachrichtigt, der Tote ist freigegeben, da Fremdeinwirkung auszuschließen ist.

Die Familie möchte sich nicht von dem Toten verabschieden, zu viel haben die Einzelnen in den letzten Monaten mit ihm aushalten und verkraften müssen. Wir akzeptieren ihre Entscheidung und drängen nicht. Wenn sie es wünschen, können sie ihn später noch einmal sehen.

Eine Freundin der Familie kommt, um ihnen in der schweren Stunde beizustehen.

Wir haben das Gefühl, dass wir die Betroffenen mit der Freundin jetzt allein lassen können. Nach einem kurzen Austausch bieten wir ihnen an, uns auf dem Handy anzurufen, falls wir noch einmal gebraucht werden. Dann verabschieden wir uns und machen uns auf den Weg.

Später im Büro wartet mein Kollege, der auch gleichzeitig Pfarrer ist, auf mich. Er bringt mir einen Kaffee und gibt mir die Möglichkeit, das Erlebte erst einmal sacken zu lassen.

Durch Erzählen verarbeite ich meinen Einsatz. Ich bin froh, dass es Menschen wie ihn gibt, die uns Einsatzkräften helfen, wieder gut in die Spur zu kommen. Auch das Angebot eines gemeinsamen Gebetes, in dem Gottes spürbare Nähe erfahrbar ist, gibt mir wieder das Gefühl, Boden unter den Füßen zu haben.

Meine Gedanken von heute Morgen kommen mir wieder in den Sinn. Wie dicht manchmal Kümmernisse, Leid, Trauer und Freude beieinanderliegen. Wie gut es ist, dass Gott mit mir geht, mich kennt und auch all die Dinge, die meinen Alltag ausmachen.

Ich weiß mich gehalten und getragen und in Gottes Händen aufgehoben. Gott führt nicht am Leid vorbei, aber er hilft hindurch. Das habe ich durch eigenes Erleben erfahren und ich möchte es an andere weitergeben. Gott begegnet mir in Liebe, Geduld und Barmherzigkeit und ich darf sein Werkzeug sein.

Auszeiten

Wahre Freundschaften bewähren sich oft in Zeiten, wenn einschneidende Lebenskrisen uns aus der Bahn werfen. Momentan befinde ich mich in so einer Krise. Meine Kraft ist am Ende, ich fühle mich ausgebrannt, schlafe fast keine Nacht mehr richtig, bin völlig entmutigt und die ständigen Fragen nach dem Warum machen meinen Tagesablauf oft schier unmöglich.

Ich sitze an meinem Schreibtisch und sehe aus dem Fenster, vor dem ein großer Kirschbaum in voller Blüte steht. Ich bin ein Naturmensch und liebe eigentlich solche wunderbaren Anblicke. Sie erinnern mich daran, wie grandios Gottes Gedanke der Schöpfung war. Sicherlich hat er sich das mit uns Menschen ähnlich gedacht. Aber wir Menschen haben uns vor langer Zeit von ihm abgewandt und sind eigene Wege gegangen. Die Auswirkungen spüren wir bis heute und manchmal bin ich darüber unendlich traurig. Ja, Gott hat uns vergeben und seinen Sohn für uns am Kreuz sterben lassen. Er hat sich uns durch ihn wieder zugewandt und dadurch seine Liebe deutlich gemacht. Ich bin dankbar, dass er uns für so wertvoll erachtet. Trotzdem versuchen wir immer wieder, ohne ihn klarzukommen oder lassen ihn in Entscheidungen außen vor. Leider wird uns das Ausmaß oft erst dann bewusst, wenn wir vor dem Scherbenhaufen unseres Lebens stehen. So wie es bei mir jetzt der Fall ist.

Aber er gibt uns trotzdem nicht auf und breitet seine Arme aus, in die wir uns fallen lassen dürfen. Wir können zu ihm zurückkommen wie der verlorene Sohn in einer biblischen Geschichte. Egal, was wir angestellt oder verbockt haben. Eigentlich sollte mein Herz sich darüber freuen und mit Dank füllen. Aber die vergangenen Wochen zehren noch zu sehr an mir: die Trennung von meinem Mann, der Umzug in die neue Wohnung. Die anstehende Jahrestagung, die ich als Geschäftsstellenleiterin einer Organisation für Einsatznachsorge zurzeit vorbereiten muss. Umgewöhnung an das Alleinsein und ohne einen fahrbaren Untersatz. Gerne würde ich meine Gedanken in eine andere Richtung lenken, jedoch gelingt es mir nur schwer.

Ich löse mich von dem Blick aus dem Fenster und schleppe mich in die Küche, um mir ein wenig Obst zu holen. Jeder Bissen kostet mich Überwindung und meine Klamotten schlabbern schon. Früher wäre ich happy gewesen, endlich ein paar Kilos abzunehmen. Jetzt allerdings macht es mich kraftlos und müde.

Das Telefon klingelt, meine Freundin aus Karlsruhe ruft an. Ich freue mich sehr, ihre Stimme zu hören. Sie und ihr Mann erkundigen sich regelmäßig nach mir. Es ist wohltuend, so treue und wahre Freunde zu haben. Ich erzähle ihr von meinem Alltag, meinen Sorgen und von meiner Traurigkeit.

Was ich an meiner Freundin Dorle besonders schätze, ist ihre Spontaneität, ihre Empathie und ihre fürsorgliche Art. So lädt sie mich kurzentschlossen ein, nach der Jahrestagung für ein paar Wochen nach Karlsruhe zu kommen. Da sie und ihr Mann demnächst im Ruhrgebiet und fast in meiner Nähe sind, besteht die Möglichkeit, mich mitzunehmen. Ich bin gerührt und freue mich total. Ja, das ist eine gelungene Überraschung, und die Vorfreude auf eine Auszeit bei meinen Freunden in Karlsruhe wächst. Gottes Timing ist einfach genial!

In der folgenden Woche holen mich meine Freunde an einem Nachmittag ab. Wie ich mich auf die Zeit mit ihnen freue! Als ich im Auto sitze, fällt schon eine große Last von mir ab. Sie erzählen mir von ihren Erlebnissen der letzten Tage. Ich höre ihnen gerne zu und ich werde von meinen eigenen Kümmernissen und Nöten abgelenkt. Für den Augenblick kehrt Frieden in mein aufgewühltes Inneres ein.

Zu Hause bei meinen Freunden erwartet mich ein helles, gemütliches Zimmer, in dem ich mich zunächst ausruhen und meine Sachen in den Schrank räumen kann. Später rufen mich die beiden zum Essen. Der reich und liebevoll gedeckte Tisch und die Gemeinschaft lassen einen Appetit bei mir entstehen, der mir schon fast peinlich ist, aber ich lange ordentlich zu. Nachdem wir zusammen abgeräumt haben, setzen wir uns gemütlich mit einem Glas Wein in die Ecke und erzählen einander, wie es uns geht. Als ich dann endlich in meinem Bett liege, spreche ich nach langer Zeit ein von Herzen kommendes Dankgebet und schlafe darüber ein.

Wenn ich zurückblicke, hat mir die Auszeit bei meinen Freunden rundherum gutgetan. Ich bin wieder zu Kräften gekommen, konnte auftanken und habe sogar ein paar Kilo zugenommen. Sie haben mich mit leckerem Essen verwöhnt, mit meiner Freundin habe ich mehrere Radtouren unternommen, wir sind in die Sauna gegangen, sind durch die Stadt gebummelt und Eis essen gegangen. Wir haben gemeinsam einen Ausflug gemacht und zu dritt einen Tag in Straßburg verbracht, wo mich meine Freunde zum Flammkuchenessen eingeladen haben. Die wunderbaren Abende auf ihrer Terrasse, die Spaziergänge durch die Weinberge, die lustigen Spieleabende waren wie Balsam für meine müde Seele. Aber auch die Gespräche, das gemeinsame Bibellesen und die Gebete haben mein Vertrauen gestärkt und mich für meinen weiteren Weg ermutigt. Ich werde diese Wochen nicht vergessen und ich bin dankbar, dass ich so treue Freunde an meiner Seite habe. Die Auszeit gab mir neue Kraft, Lebensfreude und Zuversicht.

Auch heute noch stehen wir miteinander in Kontakt, besuchen uns gegenseitig und haben Anteil am Leben des anderen.

Begegnungen

Ich stehe am Fenster der Rehaklinik in Bad Zwesten und schaue ins Tal. In meinem Innersten ist Ruhe eingekehrt. Es ist ein Gefühl wie nach Hause zu kommen. Mein helles Zimmer hat einen wunderschönen Ausblick und vermittelt mir eine unbegrenzte Weite. Nach einem Klopfen öffnet sich leise, fast klanglos die Zimmertür. Eine fürsorgliche Schwester fragt mich, ob sie etwas für mich tun kann. Hier begegnen mir so viele freundliche, hilfsbereite Menschen, Wärme und Geborgenheit, ich fühle mich abgeholt.

Wie aufgewühlt kam ich hier an: so viele Fragen, die mich quälten. Schlaf, den ich nicht mehr finden konnte. Herzschläge, die den Rhythmus nicht mehr einhielten. Die Gedanken in einem ausweglosen Labyrinth gefangen. Körper und Seele nicht mehr miteinander im Einklang. Der Wunsch zu vergessen, zu heilen, zu leben.

Dann Stille, Alleinsein, eine Sehnsucht,

die traurig macht. Warum ich, warum geschieht es mir? Die Hürde ist so groß, die Mauer so hoch, das Ziel so weit, der Abgrund so tief. Meine Hände und das Herz sind so leer, der Kopf so voll. Das frisch bezogene Bett lädt mich zum Ausruhen ein. Ich lasse mich fallen und fühle mich getragen und sicher. Hier begegnet mir etwas, was ich einst verloren habe:

Wertschätzung, Fürsorge, Liebe, Respekt und Vertrauen.

Abgrenzen, verarbeiten, sich selbst finden, zulassen, loslassen, offen sein für Neuland. Annehmen, was ich nicht ändern kann, Veränderungen Raum geben, die ich akzeptieren kann. Kann ich mich darauf einlassen, will ich das?

Ich begegne Menschen, denen es geht wie mir. Es sind so viele, so gleich und doch so verschieden. Wir funktionieren nicht mehr, passen nicht mehr, fühlen nicht mehr, sind ausgebrannt und stehen wie vor verschlossenen Türen.

Nach anfänglichen Hürden wage ich es, Mauern einzureißen. Ich finde den Schlüssel, der zu meinem Schloss passt. Hier sind wir als Gruppe unterwegs und es ist hilfreich, einander die Hände zu reichen. Wir reden miteinander und lernen auch gemeinsam zu schweigen. Wut, Enttäuschung und Frust haben ihren Platz. Manche haben regelrechte Traumata erlebt, die verarbeitet werden müssen, Ängste, die überwunden werden wollen. Manchmal bringt es uns an unsere Grenzen. Was lasse ich zu, was lasse ich hinter mir, wonach sehne ich mich, wer bin ich, was macht mich aus? Zwischendurch haben wir die Möglichkeit, durch Entspannungsübungen wieder zur Ruhe zu kommen. Mir helfen zudem meine Gebete, treue Freunde, die in der Fürbitte an mich denken. Ich freue mich über ermutigende Briefe und liebevolle Grüße. Der Prozess der Verarbeitung kostet viel Kraft und manchmal auch Tränen. Offen zu sein für Veränderung ist leichter gesagt als getan. Alte Muster, nach denen ich bisher gelebt habe, umzugestalten, fordern ein hohes Maß an intensiver Arbeit an der eigenen Vergangenheit. Es braucht Zeit, die Bereitschaft aufzubringen, Menschen zu vergeben, die uns verletzt haben. Nicht immer gelingt es uns sofort. Die geduldigen, kompetenten Therapeuten und die wachsende Vertrautheit unter uns Patienten lassen allmählich wieder Gefühle zu und unsere Hände und Herzen werden wieder neu gefüllt. Wir wollen zurücklassen, was nicht unser ist, und lernen, zukünftig gut für uns zu sorgen.

Spaziergänge, Schwimmen, Bewegungstherapie, ein gehaltvoller Gottesdienst, ein schönes Konzert und ein humorvoller, geselliger Abend helfen, abzuschalten und unseren Sorgen und Lasten, die uns beschäftigen, eine wohltuende Pause einzuräume. Wir spüren aber auch, dass wir ein Stück Befreiung erleben und dass der anfängliche Druck, funktionieren zu müssen, nachlässt.

Wir finden wieder zu uns selbst.

Ich will mit Gottes Hilfe neue Schritte wagen, mutig in die Zukunft sehen. Mir wieder etwas zutrauen, vertrauen, Grenzen stecken. Dankbar auf das sehen, was ich habe, und loslassen, was ich nicht brauche.

Ein Ticket 2000

Nach einem langen Tag komme ich zu Hause an. Meine Füße schmerzen und meine Schuhsohlen sehnen sich nach einem Schuster. Ich streife Schuhe und Socken ab und spüre eine wohltuende Befreiung. Eine heiße Tasse Tee und ein warmes Fußbad sind jetzt genau das Richtige!

Es ist herausfordernd, alle Wege zu Fuß zu gehen. Dabei überkommt mich plötzlich der Gedanke, dass ich auf ziemlich hohem Niveau stöhne. Ich habe bis auf kleine Macken gesunde Füße und Beine, die mich überall hintragen. Ich habe Schuhe, die mich vor Hitze und Kälte schützen. Was für ein wertvolles Geschenk! Wir sollten uns öfters solche Dinge bewusst machen und sie nicht als selbstverständlich hinnehmen.

In den letzten Jahren habe ich viel dazugelernt, auch, dass man sich mit Geld nicht alles kaufen kann. Gesundheit, Freiheit, Wertschätzung, Dankbarkeit, Anerkennung, Zufriedenheit, Herzenswärme, Freunde sind unbezahlbar. Die ermutigenden Begegnungen und wunderbaren, schönen Momente, die mein Leben verändert und mich zu der Frau gemacht haben, die ich heute bin. Ich fühle mich von Gott geliebt, angenommen, ich bin angekommen.

Beim Durchsehen meiner Post am Abend stelle ich fest, dass ich an einem Tag zwei Termine habe, die 30 Kilometer voneinander entfernt liegen. Tja, zu Fuß ist das leider nicht machbar. So weit in kurzer Zeit tragen mich meine Füße nun doch nicht! Ein Telefonat mit meiner besten Freundin Edda und ich kann mir für einen Tag ein vollgetanktes Auto leihen. Ich bin so froh, eine echte und treue Freundin zu haben. Gemeinsam teilen wir Freude und Leid, ja und sogar im Notfall ihren fahrbaren Untersatz.

Meine Termine sind einigermaßen gut gelaufen, aber es wird in Zukunft noch weitere Behördengänge und Anwaltsgespräche geben. Es bedeutet, dass ich mir Gedanken machen muss, wie ich es verkehrstechnisch und zeitlich hinbekomme. Irgendwie wird sich eine Lösung finden, da bin ich mir ganz sicher. Und … ich sollte recht behalten.

Am Nachmittag bin ich bei einem älteren Freund zum Kaffeetrinken eingeladen. Die Besuche bei ihm und die gemeinsamen Gespräche haben mir in der Vergangenheit sehr gutgetan. Auch heute hilft er mir bei vielen ungeklärten Fragen und dabei, über eine neue Perspektive nachzudenken. Dafür bin ich ihm dankbar. Als er mir an der Haustür in den Mantel hilft, teilt er mir noch mit, dass er über das, was ich ihm erzählt habe, nachgedacht hat. Er möchte mich gerne praktisch unterstützen und mir ein Ticket 2000 schenken, das mich mit Bus und Bahn an die entfernt liegenden Orte im ganzen Ruhrgebiet bringt. Vielleicht würde es mir ja helfen. Ich traue meine Ohren nicht. Ist das wahr oder träume ich? Da ist sie, die Lösung!

Auf dem Rückweg habe ich das Gefühl, meine Füße schweben nach Hause. Ich freue mich riesig über das Bus- und Bahnticket, das gültig ist, solange ich es brauche. Ein paar Tage später kann ich es mir abholen. Mindestens viermal fahre ich mit dem Bus in die Stadt und wieder zurück und freue mich wie ein kleines Kind. Dem Busfahrer kommt es seltsam vor, als ich das vierte Mal an der gleichen Haltestelle einsteige und wieder aussteige. Ich erzähle ihm in Kurzform meine Geschichte.

Fast zwei Jahre bin ich dankbar Bus und Bahn gefahren. Ich hatte viele interessante und bereichernde Erlebnisse. Inzwischen habe ich wieder ein eigenes Auto. Aber wenn ich dem Busfahrer von damals begegne, scheint er sich immer noch an meine Geschichte zu erinnern, und er winkt mir fröhlich zu.

Ich lasse dich nicht fallen

Ich sitze im Zugabteil der Regionalbahn, die mich zurück in die Klinik nach Münster bringt, wo ich mich seit gut drei Wochen in stationärer Behandlung befinde.

Ein unaufschiebbarer Termin machte es notwendig, heute ins Ruhrgebiet zu fahren.

Ich bin enttäuscht, einsam, arbeitslos, mit Schulden beladen.

Es ist alles so unfassbar für mich. Ich schaue aus dem Fenster und betrachte den wunderschönen Sonnenuntergang. Immer wieder kriecht sie in mir hoch, die Frage nach dem Warum?

Warum zerbricht in meinem Leben alles, wofür ich gelebt, was ich geliebt habe und was mir wertvoll gewesen ist? Das Versprechen von Treue, Wahrheit, Vertrauen und Liebe. Tränen laufen über mein Gesicht. Da ist sie wieder, diese Ohnmacht, diese tiefe Trauer, diese unstillbare Sehnsucht nach Antworten.

Ich sehe mich noch vor einer Viertelstunde auf dem Bahnsteig stehen, das Kämpfen um Gerechtigkeit und Wahrheit macht so müde, nimmt mir die wenige Kraft, die ich mühsam erarbeitet habe. Mir wird bewusst, wie tief meine Verletzungen sich in meine Seele gegraben haben. Meine Handgelenke, die von zwei länglichen Narben gezeichnet sind, erinnern an den Tag, an dem ich versucht habe, meinem Leben ein Ende zu setzen. Wie groß sind meine Verzweiflung und Ausweglosigkeit gewesen, wie unendlich meine Einsamkeit.

Sie erinnern mich aber auch daran, wie Gott mich gerettet, bewahrt und mir ein neues Leben geschenkt hat.

Ich sollte aus tiefstem Herzen dankbar sein, aber der Weg, der hinter mir liegt, hat so viel in mir zerbrechen lassen, die Wunde klafft so weit auseinander, dass kaum etwas in meinem Herzen Halt findet. Und doch keimt etwas auf … Da ist eine Freundin, die sich heute mit mir getroffen hat, um mich auf meinen Behördengängen zu begleiten. Sie ist da für mich, fürsorglich warmherzig, offen, ehrlich und treu, ein wertvoller und wunderbarer Mensch. Ebenso wie ihr Mann und ihre Familie. Sie und andere treue Freunde, meine Mutter, meine Geschwister sind mir wie Engel auf meiner Reise geworden, bei der ich noch nicht weiß, wohin sie mich führen wird. Da ist die Vorfreude auf mein ungeborenes Enkelkind, das Geschenk von zwei wunderbaren Söhnen, Dankbarkeit für Menschen, die mich lieben und in mir die Frau sehen, wie Gott sie sich gedacht und erschaffen hat.

Ein kleiner Junge, der mit seinem Vater im selben Zugabteil sitzt, fragt ihn leise, warum die Frau ihm gegenüber weint, ob sie traurig ist. Ich versuche ihn anzulächeln und denke dabei an meine beiden eigenen Söhne, die mir das Wichtigste und Liebste auf der Erde sind. Auch für sie ist etwas zerbrochen, ihr Bild von einer heilen und intakten Familie gibt es nicht mehr und wird es so auch nie wieder geben. Ebenso wenig die Vorbilder, die sie in ihren Eltern gesehen haben. Wir sind schuldig geworden, jeder für sich auf seine Art.

In der Farbenpracht des Himmels spiegelt sich für mich mit einem Mal Gottes Güte, seine Gnade und Barmherzigkeit wider. Seine Liebe zu uns, die ihn seinen Sohn gekostet hat.

Schuld, die Jesus für mich, für uns auf sich genommen hat. Vergebung, welch ein großartiges Wort, welch eine ermutigende Erfahrung. Ich durfte sie erleben, durfte sie annehmen und auch anderen zusprechen.

Meine Gefühle fahren Achterbahn. Wieder betrachte ich den kleinen Jungen, der auf den Schoß seines Vaters gekrabbelt und fast eingeschlafen ist. Geborgenheit kommt mir in den Sinn, getröstet, gehalten und von sicheren Armen umfangen.

So darf auch ich Gottes Kind sein und mich tragen lassen, wenn ich müde und kraftlos geworden bin. Darf mich ausruhen, ankommen und inneren Frieden finden. Momente, die mir kostbar geworden sind.

Der Zug nähert sich dem Hauptbahnhof in Münster. Ich packe meine Sachen zusammen. Sanft weckt der Vater den kleinen Jungen. »Sind wir zu Hause, Papa?«

Schmerzvoll und unvorbereitet trifft es mich: »ZU HAUSE.«

Ich habe es verloren, mein Zuhause, Menschen, die mit mir einst unterwegs waren, meine Arbeit, mein Vertrauen, mein Wertgefühl und den Mann, den ich über alles geliebt habe und für den ich mich selbst aufgegeben habe.

Wie oft habe ich in den letzten Monaten an Hiob denken müssen, dem alles genommen wurde. Aber Gott hat ihn nicht allein gelassen, er hat aus dem Zerbruch seines Lebens Neues und Wunderbares geschaffen und ihn reich gesegnet.

Auch wenn es Tage gibt, an denen ich das Gefühl habe, ich schaffe es nicht, so gilt mir doch die Zusage »Ich lasse dich nicht fallen und verlasse dich nicht« (Josua 1,5).

Diese Zusage und Erfahrung, die Josua mit Gott gemacht hat, wünsche ich mir. Ich will im Vertrauen auf Gott neue Schritte wagen und den Jordan meines Lebens trockenen Fußes durchqueren. Dazu schenke Gott mir den Mut, die Kraft, seine spürbare Nähe und Dankbarkeit an jedem neuen Tag.

Kleine und große Wunder

Es gibt Tage im Leben, da hat man das Gefühl, alles laufe verkehrt. Man hat schlecht geschlafen, ist mies gelaunt, ausgerechnet heute ist die Kaffeedose leer, die letzte Brotscheibe ist angeschimmelt, im Briefkasten häufen sich Rechnungen und die Mietzahlung ist bereits seit einer Woche überfällig.

Tja, einen solchen Tag erlebe ich gerade. So ein Hamster-im-Rad- oder Sprich-mich-nicht-an-Tag. Immerhin lachen mich noch ein paar Teebeutel in meinem übersichtlichen Schrank an. Also koche ich mir eine Kanne Wasser, finde noch ein paar Zwiebäcke und versuche, bei meinem *üppigen* Frühstück positive Gedanken zu entwickeln. Irgendwie will es mir nicht so recht gelingen. Ich spüre den Ärger, der in mir mehr und mehr an Raum gewinnt. Obwohl der Monatserste schon längst überschritten ist, befindet sich laut Auszug das zugesagte Geld noch nicht auf meinem Konto. Meine finanziellen Ressourcen sind ausgeschöpft. Meine Vermieter, die unter mir wohnen, haben mich schon angemahnt. Mir bleibt nichts anderes übrig als ihnen mitzuteilen, dass ich meine Miete nicht zahlen kann. Es kratzt sehr an meiner Ehre und meinem Wertgefühl, was ohnehin schon am Limit ist.

Dabei habe ich doch gerade noch in der Bibel gelesen, dass wir alle Sorgen an Gott abgeben sollen, denn er will für uns sorgen. Na, tolle Zusage! Als ob ich nicht schon genug Baustellen habe! Das Grummeln in meinem Bauch nimmt zu. Besser, ich mache mich gleich auf den Weg nach unten, um meinen Vermietern reinen Wein einzuschenken. Im Flur stolpere ich über meinen offenen Rucksack. Wütend versetze ich ihm einen Tritt! Der lässt ihn durch die Luft wirbeln, wobei sich sämtlicher Inhalt auf dem Boden verteilt. Oh nein! Beim Aufsammeln entdecke ich einen weißen Umschlag, den mir am Sonntag nach dem Gottesdienst jemand ins Gemeindefach gelegt hat. Nachdem sich mein erster Gedanke: *Wieder mal eine fromme Karte …* in mir breitgemacht hat (eigentlich liebe ich es, ermutigende Spruchkarten zu bekommen, viele davon hängen an meinem Kühlschrank), öffne ich den Umschlag. Bei dem, was ich darin vorfinde, verschlägt es mir im ersten Moment den Atem und ich vergesse Luft zu holen. Nicht nur, dass er meine komplette Miete enthält, nein, es befinden sich noch 100 Euro mehr in dem Kuvert. Eine unbändige Freude überkommt mich, die sich in einem Jubelschrei bemerkbar macht. Da ich ein sehr emotionaler Mensch bin, laufen mir auch die Tränen. Zudem kommt Scham in mir hoch. War ich doch vorhin noch so wütend auf Gott, enttäuscht über seine Zusagen – und jetzt so etwas! Mein Ärger verfliegt und mein Frust verwandelt sich in Dankbarkeit und Zuversicht. Gott hat mich nicht vergessen, ja und er sorgt für mich. Manchmal anders, als ich es mir vorstelle, aber er ist für mich und bleibt treu an meiner Seite. Mein Gebet, das mir aus tiefstem Herzen kommt, lässt Frieden in meine Seele einkehren.

Fröhlich zahle ich nun meine Miete und mein Vermieter schenkt mir sogar ein verständnisvolles Lächeln, das ich eigentlich vorher gebraucht hätte! Anschließend schnappe ich mir meinen Rucksack und mache mich auf den Weg zum Lebensmittelladen, der ein paar Kilometer entfernt liegt. Mein Vorratsschrank wird vor lauter Staunen über die leckeren Sachen Purzelbäume schlagen! Ich gönne mir noch ein Eis und für den Rückweg ein Busticket, denn der lange Weg bergauf ist mit der Einkaufstasche selbst für einen Sportler wie mich ziemlich herausfordernd.

Glücklich und zufrieden betrachte ich am Abend meinen reich gedeckten Tisch. Ich fühle mich beschenkt!

Mein Hamster-im-Rad-, Sprich-mich-nicht-an-Tag hat eine unfassbare Wende genommen. Ja, es ist mehr noch! Ein Tag der kleinen und großen Wunder!

Hoffnungsschimmer

Unser Leben zeigt sich nicht immer von der Sonnenseite. Oftmals müssen wir tiefe Täler durchlaufen und dunkle Schluchten. Dann sehnen sich Körper, Geist und Seele nach Helligkeit, Wärme, Zuwendung und vor allem nach neuen Perspektiven. Wie wohltuend sind kleine Lichtblicke, eine Blume am Wegrand oder Menschen, die uns auf unseren Pfaden begleiten. In einem Psalm in der Bibel heißt es sinngemäß: Der Herr ist mein treuer Hirte, der mich im Blick hat und mich keinen Mangel leiden lässt. (aus Psalm 23) Wie ermutigend, dass er die Wegstrecke kennt, die vor uns liegt, und mich an seine Hand nimmt. Dabei spielt auch unser Vertrauen eine große Rolle und die Zuversicht, dass nach den Tälern der Weg auch wieder auf die Höhen führt.

Ich sitze an meinem Schreibtisch und schreibe Bewerbungen, weil ich wieder ins Arbeitsleben einsteigen will.

Ich überarbeite meinen Lebenslauf, in dem eine Lücke von eineinhalb Jahren klafft. Nach reichlich Überlegungen trage ich »persönliche Auszeit« ein, oder vielleicht doch lieber »Orientierungsphase«? Egal, in meinem Bewerbungsschreiben finde ich eine gute Formulierung. Meine Zeugnisse und Zertifikate, die ich als PDF-Datei auf meinem Laptop habe, drucke ich aus oder füge sie teilweise in meine Onlinebewerbungen ein. Ich bin erstaunt, wie viel ich in meinem Leben schon geschafft und gemeistert habe. Die Aussagen in meinen Zeugnissen und die Beurteilungen können sich sehen lassen. Ja, ein wenig bin ich sogar froh und stolz darauf.

Am Abend liegen acht fertige Bewerbungen auf dem Tisch. Allerdings fehlen mir die entsprechenden Bewerbungsmappen, die Umschläge, das Porto und das nötige Geld für diese Sonderausgaben. Da kommt es mir wieder in den Sinn: das Wort »Vertrauen«. Vielleicht schickt Gott mir ja eine Brieftaube, denke ich schmunzelnd. Aber, Scherz beiseite, eigentlich ist mir danach gar nicht zumute. Aber hat Gott mir nicht schon oft in verzwickten, ausweglosen Situationen geholfen? Mich spüren lassen, dass er Unmögliches möglich machen kann? Ich gebe mein Anliegen im Gebet an ihn ab. Wieder einmal finde ich Frieden und es keimt ein kleiner Hoffnungsschimmer auf.

Drei Tage später liegen die fertigen Bewerbungsunterlagen immer noch unberührt auf meinem Schreibtisch. In fünf Tagen läuft die Bewerbungsfrist ab. Da ist es auf einmal wieder da und nagt an mir: dieses Gefühl der Ohnmacht, des Zweifels und der Anfechtung. Doch, man könnte meinen, Gott hat die Gedanken gehört, denn ich werde abgelenkt, weil es an der Haustür klingelt. Der Postbote hat ein Päckchen für mich.

Wer schickt mir denn ein Päckchen? Die Adresse ist von einer Frau, die seit einiger Zeit die Gottesdienste unserer Gemeinde besucht. Ich bin mit ihr im Gespräch, und so weiß ich, dass nach vielen aussichtslosen Bewerbungen endlich ihr Rentenantrag genehmigt worden ist. Sie muss sich trotzdem sehr nach der Decke strecken, um finanziell einigermaßen über die Runden zu kommen.

Fast habe ich ein schlechtes Gewissen, dass ich trotzdem ein Päckchen von ihr bekomme.

Obenauf liegt ein kurzer handgeschriebener Brief:

Liebe Angelika,
von Deinem Erzählen weiß ich, dass Du im Moment Bewerbungen schreibst. Wie es sich anfühlt, mit wenig Geld auszukommen und rechnen zu müssen, kann ich aus eigener Erfahrung gut nachempfinden. Von daher habe ich mir gedacht, dass Du die übrig gebliebenen Bewerbungsmappen von mir und die entsprechenden Umschläge dazu vielleicht gut gebrauchen kannst. Die zehn Briefmarken möchte ich Dir gerne zusätzlich schenken. Unsere gemeinsamen Gespräche und die Gebete mit Dir haben mir gutgetan. Ich denke an Dich und wünsche Dir, dass Du eine passende Arbeit findest, die Deinen Gaben entspricht und die Dir Freude macht. Alles Liebe, Gott segne Dich.

Wow, das haut mich echt aus den Socken! Die Socken sind übrigens von einer älteren Dame selbst gestrickt und ebenfalls ein Geschenk. Gott hat mir eine Brieftaube geschickt in Form eines Päckchens, wie cool ist das denn!

Diesmal ist es kein Jubelschrei, sondern ein Danklied, das über meine Lippen kommt. Danke für diesen guten Morgen! Kurze Zeit später bringe ich die gefüllten Umschläge samt Briefmarken zur Post. Ein Hochgefühl beschleicht mich, als ich sie in den Briefkasten werfe. Wieder mal ist eine Hürde geschafft. Auf dem Heimweg kommt mir erneut ein Lied in den Sinn. *Seid fröhlich in der Hoffnung …* Dankbar und mit einem Lächeln auf den Lippen summe ich die Melodie und fühle, wie der Text in meinem Herzen Einzug hält.

Bad Zwesten

Zum zweiten Mal wird mir eine Rehamaß-
nahme im kleinen Kurort Bad Zwesten
genehmigt. Ehrlich gesagt, habe ich mich
vor zwei Jahren schon gefragt, was ich hier
in diesem kleinen Dorf am Ende der Zi-
vilisation soll. Obwohl ich zugeben muss,
dass die Rehaklinik eine gute Einrichtung
ist mit schönen, sauberen Zimmern, sehr
freundlichem Personal, kompetenten Ärzten und Therapeuten. Es gibt einen herrli-
chen Kurpark, der liebevoll angelegt und
gepflegt wird. Aber sonst: Mein Sohn würde
sagen: »Tote Hose.« Nicht zu vergessen, es
gibt noch einen Bäcker, eine Eisdiele, einen
Buchladen und ein paar kleinere Geschäfte,
immerhin!

Damals wäre ich am liebsten gleich wieder nach Hause gefahren. Aber inzwischen
scheint mir dieser Ort, die Menschen und
die Umgebung vertrauter. Mit ihm verbin-
de ich positive und hilfreiche Erfahrungen.

Hier in Bad Zwesten gibt es sogar eine Freie evangelische Gemeinde. Das Pastorenehepaar Ruth und Jörg lernte ich bereits kennen. Sie waren vor zwei Jahren so gastfreundlich und stellten meiner Freundin Edda, die mich besucht hat, ein Zimmer zur Verfügung, da alle Pensionen bereits ausgebucht waren. An manchen Sonntagen besuchte ich dort den Gottesdienst und wurde von den Gemeindeleuten sehr herzlich aufgenommen.

Heute bin ich bei dem Pastorenehepaar zum Kaffeetrinken eingeladen. Zwischendurch habe ich erfahren, dass die Frau schon seit einigen Jahren schwer erkrankt ist. Es berührt mich, wie fürsorglich ihr Ehemann mit ihr umgeht. Ich staune, dass der Pastor einen Apfelkuchen gebacken hat. »Sein erster selbst gebackener Kuchen«, sagt mir seine Frau lächelnd und schaut ihn dabei liebevoll an. Hier spürt man die innige Verbindung miteinander. Fast 40 Jahre sind sie miteinander verheiratet, haben vier Kinder und einige Enkelkinder. Die Herzlichkeit, mit der mir das Ehepaar begegnet, ist wohltuend.

Es wird ein wunderschöner Nachmittag für mich. Beim Erzählen merke ich gar nicht, dass ich fremden Menschen, die mir dennoch vertraut erscheinen, meine gesamte Lebensgeschichte erzähle. Die Offenheit der beiden bewegt mich. Sie wissen, dass die Ehefrau bald sterben wird. Als ich mitbekomme, dass es der Erkrankten schlechter geht und sie sich hinlegen möchte, ist das ein Zeichen für mich aufzubrechen. Vorher beten wir noch miteinander und ich schreibe etwas in ihr Gästebuch. Wir vereinbaren, später nach meinem Reha-Aufenthalt weiter schriftlich in Kontakt zu bleiben. Danach verabschieden wir uns mit einer herzlichen Umarmung.

Draußen regnet es, aber ich lehne das Angebot, gefahren zu werden, dankend ab. »Ich bin doch nicht aus Zucker!«

Meinen Gedanken hingegeben, mache ich mich auf den Weg durch den Kurpark zur Klinik. Ich merke mit einem Mal, wie sich meine Tränen mit dem Regen vermischen. Eine tiefe Traurigkeit und Einsamkeit überkommen mich. Ich fühle mich in allem unendlich alleingelassen. Mir kommt mein eigenes Trauversprechen vor 37 Jahren in den Sinn: »In guten und in schlechten Tagen, bis dass der Tod uns scheidet.«

Wir haben es nicht geschafft und unsere Ehe wurde vor Kurzem geschieden. Es schmerzt zu erleben, dass dadurch auch unsere Familie zerbrochen ist. An dem Pastorenehepaar wird mir bewusst, dass es auch mein Wunsch war, gemeinsam mit meinem Mann alt zu werden. Auf mich wird zu Hause niemand warten. Nein, ich will nicht ungerecht und verbittert sein. Meine Mama, die Geschwister und meine beste Freundin freuen sich auf mich. Darüber hinaus gibt es Menschen in der Gemeinde und in meinem Umfeld, die mich wertschätzen und lieb haben.

Schließlich wandelt sich meine Traurigkeit in Dankbarkeit. Außerdem habe ich heute in Ruth und Jörg ein wunderbares Ehepaar kennengelernt. Sie haben mich zum Staunen und ins Nachdenken gebracht.

Die Ehefrau wird sterben und sie gehen das letzte Stück des Weges gemeinsam. Sie werden lernen müssen, loszulassen und sich zu verabschieden. Ich kann nachempfinden, wie es sich anfühlt. Aber sie wissen sich von Gott getragen, auch in allen Anfechtungen, Fragen und Ängsten. Seit diesem Tag sind sie oft in meinen Gedanken und ich weiß, ich werde für sie beten. Ob wir wirklich in Kontakt bleiben? Die nächsten Wochen werden es zeigen.

Schon am Abend habe ich eine Mail im Postkasten. Jörg und Ruth bedanken sich für das offene Miteinander und den Nachmittag mit mir und wünschen mir für meinen Weg Gottes Segen. Ja, sie würden gerne mit mir in Kontakt bleiben. Darüber freue ich mich sehr und ich habe das Gefühl, dass Gott mir durch diese beiden ein besonderes Geschenk gemacht hat.

Wie groß dieses Geschenk tatsächlich sein würde, habe ich damals noch nicht geahnt. Das hat sich erst viel später herausgestellt.

Das zerbrochene Herz

Nach längerem Klinikaufenthalt in Münster, der Aufarbeitung von Verletzungen und Verlusten beginnt langsam der Heilungsprozess. Ein zweiter Reha-Aufenthalt in Bad Zwesten neigt sich dem Ende zu und ich halte daran fest, dass Gott zerbrochene Herzen heilt und dann etwas Neues und Schönes wächst.

Das alles braucht seine Zeit und es hat viel mit Vertrauen und Geduld zu tun. Ich bin auf einem guten Weg. Im Rückblick auf die vergangenen Monate finden Hoffnung und Dankbarkeit wieder Raum in mir. Gott hat mich zu der Frau werden lassen, die ich heute bin. Ich lernte Barmherzigkeit und habe das Eingreifen Gottes in meinem Leben spürbar erfahren. Ich darf nach vorne sehen und mir seiner Liebe bewusst sein, welch ein Geschenk!

Ich sitze auf einer geschützten Bank in der Sonne, mitten in einem wunderschön angelegten Rosengarten. Die Ruhe der Natur, das Rascheln des Windes in den Bäumen, umgeben von den nah gelegenen Wäldern, deren Blätter sich allmählich in eine bunte Farbenvielfalt kleiden. Ein Hauch von herbstlichen Gerüchen, Zugvögel, die ihre eigenen Formationen am Himmel zeichnen. Der Sommer vergeht und gibt dem sich ankündenden Herbst Raum.

Etwas Altes vergeht und Neues nimmt Gestalt an. Ich spüre, dass etwas in mir berührt wird.

Mein Herz, meine Sinne, meine Seele. Auch in mir spiegelt sich ein Stück des Herbstes wider und ich weiß, es ist an der Zeit, Altes endgültig loszulassen und Neues zuzulassen.

Es war ein langer Weg bis hierher. Er hat mich durch tiefe Täler geführt, gefüllt von Schmerzen, Leid, Trauer, Tränen, wirtschaftlicher Not, Einsamkeit, Ohnmacht und Unfassbarkeit.

Wie oft habe ich Gott geklagt, dass ich seine Wege, die er mich führt, nicht verstehen kann. Warum wurde ich von dem Menschen, den ich so tief, vertrauensvoll, treu und so ehrlich geliebt habe, so maßlos enttäuscht?

So vieles wurde mir genommen: mein Zuhause, meine Würde, meine Arbeitsstelle. Ich erlebte den Zerbruch, die Scheidung meiner Ehe nach 37 Jahren, den Rückzug alter Freunde, den Tod von vertrauten wunderbaren Menschen, gesundheitliche Einbrüche.

Dann waren da die hinterlassenen Schulden, die mich in die Insolvenz trieben. Lasten, die plötzlich so schwer auf mir lagen, Gedanken und Gefühle, die mich innerlich aufschreien ließen. Da hieß es auszuharren, durchzuhalten und mich an meinem Gott festzuklammern. Nicht immer gelang es mir. Da gab es Momente der Verzweiflung und Wut. Bis hin zu dem Entschluss, meinem Leben ein Ende zu setzen, weil die Alternative zu leben unerträglich wurde.

Aber irgendwann gab es dann auch die Entscheidung: entweder im Klagen und im Selbstmitleid zu verweilen oder die Klage umzuwandeln in Vertrauen und Zuversicht, dass Gott aus dem Zerbruch meines Lebens Neues und Schönes wachsen lassen kann.

Ich nahm das Wunder an, überlebt zu haben, und war dankbar für eine zweite Chance. In dieser Zeit erlebte ich, wie wichtig und wertvoll begleitende Seelsorger, Therapeuten und einfühlsame Ärzte waren, die mir halfen, wieder Boden unter die Füße zu bekommen. Ich erfuhr Vergebung, konnte selbst vergeben, übte mich in Barmherzigkeit und Geduld und fing an, meinen Blick nach vorne zu richten. Es war jeden Tag eine neue Herausforderung. Dennoch durfte ich erleben, welcher Friede darin liegt, auch Unverständliches zu akzeptieren. Dinge zu ändern, die ich ändern kann, und Dinge anzunehmen, die ich nicht ändern kann. Für das Handeln der anderen war ich nicht verantwortlich.

Es waren nicht die großen Schritte, die mich in eine heilsame und gesunde Richtung führten, sondern die kleinen Schritte und immer wieder eine starke Hand, die mich dabei festhielt und mir Sicherheit und Geborgenheit schenkte.

Nie zuvor in meinem Leben war ich Gott so nah, ich durfte erfahren, dass er mich trägt.

Manchmal waren meine Gebete nur noch ein Stammeln, aber ich wusste, dass alles an Gottes Ohren drang. Er führte mich nicht am Leid vorbei, sondern half mir hindurch. Seine spürbare Nähe umgab mich gerade da, wo mich außer ihm niemand mehr hörte. Er war der gute Hirte, der mich trug, als ich allein nicht mehr gehen konnte, und der mich durch das Dunkel wieder ins Licht führte.

Es war ein Weg, der aber auch gesäumt war von tröstenden Worten, treuen und beständigen Freunden, meinen Geschwistern und meiner Mutter, die für mich Tag und Nacht da waren. Sie begegneten mir in einer Liebe und Fürsorge, über die ich immer wieder nur staunen konnte. Da gab es Entdeckungen in der Einsamkeit, eine Bank zum Ausruhen, eine frische Quelle, die mich erquickte, unzählige Blumen am Wegesrand, Briefe, Geschenke und wunderbare Gaben, die mein Herz wieder mit Dankbarkeit und Zuversicht füllten.

Sicherlich gibt es immer wieder Augenblicke, die mich über Verlorenes weinen und trauern lassen. Erinnerungen und Begegnungen zuzulassen, fällt mir immer noch schwer. Das Trauern über Verluste und der Schmerz darüber wird noch eine Weile brauchen. Die Zeit wird mir helfen, mit dem Unfassbaren zu leben.

Gott hat meine Wunden liebevoll verbunden, sie verheilen und es sind nur noch schwache Narben zu sehen. Ab und zu schmerzen sie noch.

Ich vertraue ihm, dass er auch mein zerbrochenes Herz ganz heilen wird und es weiter mit Zuversicht und Hoffnung füllt.

Ich bin gewiss, dass er aus dem Zerbruch meines Lebens Neues und Schönes aufkeimen lässt. Es hat schon begonnen!

Es reicht!

Es ist vielleicht ein wenig ungewöhnlich, aber schon als Kind habe ich gerne Menschen geholfen. Für meine alt gewordene Nachbarin kaufte ich ein. Ab und zu übernahm ich kleinere Aufgaben im Haushalt meiner Oma. Spannend war es, wenn ich mit ihrem schweren Bügeleisen, das auf dem Ofen erhitzt wurde, Taschentücher und Leinengeschirrtücher bügeln durfte. Ich war dann immer richtig stolz! Wenn ich heute daran denke, dass ich Hemden, Hosen und Blusen auch so umständlich bearbeiten müsste, kriege ich kleine Kringel vor meine Augen! Ich lernte, wie man Pfannkuchen backt und einen Knopf annäht. Meinem Opa half ich in seinem Gemüsegarten und ich war dabei, wenn auf knarrende Holztreppenstufen Bohnerwachs aufzutragen war. (Er war Hausmeister in einer Schule.)

Den Geruch habe ich heute noch ab und zu in der Nase. Ich liebte meine Großeltern sehr, sie waren etwas ganz Besonderes für mich.

Auch in meinem Elternhaus – ich habe drei jüngere Geschwister und einen älteren Bruder – unterstützte ich meine Mutter beim Putzen, Aufräumen und Einkaufen. Manchmal passte ich auf die Kleinen auf, wenn meine Eltern unterwegs waren. Ich fand es schön, wenn alles an seinem Platz zu finden und die Wohnung sauber war. Meine kleineren Schwestern sorgten natürlich dafür, dass ich immer etwas zu tun hatte! So lernte ich schon früh, Verantwortung für andere zu übernehmen.

Später in meinem eigenen Haushalt machte ich es mir zur Aufgabe, für meine Familie ein schönes und behagliches Zuhause zu schaffen, in dem auch Freunde und Bekannte willkommene Gäste waren. Ich erlernte einen Beruf, in dem ich mit Kranken und Schwachen zu tun hatte. Auch meine Zusatzausbildungen halfen mir, mich in die Lage von Menschen hineinzuversetzen, denen es schwerfällt, ihr Leben allein zu bewältigen und die Unterstützung brauchen.

Später dann in meiner Lebenskrise gehörte ich selbst zu denen, die für eine Zeit ihr Leben nicht allein hinbekommen und Hilfe brauchen. Während der anderthalb Jahre, in denen ich Krankengeld bekam, lernte ich auch mit wenig Geld auszukommen. Klar, ich konnte keine großen Sprünge machen, aber ich freute mich auch über kleine »Hüpfer«. Als ich angesprochen wurde, ob ich einer alten Dame im Seniorenheim einmal in der Woche die Wohnung putzen könnte, sagte ich zu. Da ich dringend ein paar Sachen außer der Reihe brauchte und einen kleinen Betrag zum Krankengeld hinzuverdienen durfte, war es eine gute Gelegenheit, fand ich. Außerdem erinnerte ich mich daran, wie gerne ich schon als Kind älteren und schwächeren Menschen geholfen hatte.

Es war an dem Tag sehr heiß, als ich mich bei der Dame vorstellte. Da ich kein Auto hatte und zwei Kilometer laufen musste, war ich schon geschwitzt, bevor ich überhaupt irgendetwas getan hatte. Zunächst wurde ich begutachtet. Die unfreundliche Frau rümpfte ein wenig die Nase. »Soso, Sie sind also arbeitslos und wollen in meine Dienste treten. Dann wollen wir doch mal sehen, ob Sie sich für die Stelle eignen.« Anstatt mich hereinzubitten, schickt sie mich eine Treppe tiefer, um das Putzzeug zu holen. Eigentlich hatte ich mich gefreut, endlich etwas Sinnvolles zu tun, Freude zu bereiten. Aber irgendwie war ich gefrustet über die Art und Weise, wie sie mir begegnete. Vor der Tür musste ich die Schuhe ausziehen und mir dann erst einmal »ordentlich« die Hände waschen, bevor ich etwas anfasste. Ich kam mir vor wie die letzte Dreckschleuder. Ich sprach still, in Gedanken ein Gebet: »Herr, hilf mir, der Frau liebevoll und wertschätzend zu begegnen.« Nach dem Händewaschen inspizierte sie tatsächlich meine Finger. Und dann unfassbar: Das Putzwasser, das sie mir in den Eimer laufen ließ, war viel zu heiß, das Putzmittel so scharf, dass es in meinen Augen brannte. Sie teilte mir die Putzlappen zu und dann musste ich noch meine Füße und Hände desinfizieren.

Ich konnte es kaum fassen. Was lief denn hier ab? Ich begann mit dem Putzen, während sich die Dame auf einen Stuhl setzte und mich dirigierte. Ab und zu ging sie mit weißen Handschuhen über die Fußleisten und raunzte mich an, dass ich schlampig sei. »Herr, hilf mir, Ruhe zu bewahren und demütig zu sein!« Als ich nach einer Stunde um ein Glas Wasser bat, meinte sie nur: »Erst ist die Arbeit zu erledigen und das Getränk ziehe ich Ihnen vom Lohn ab.«

Wie bitte, hatte ich gerade richtig gehört? »Herr, ich möchte dienen, aber nicht so behandelt werden!«

Zum Schluss kam das absolute Highlight: die Toilette. Sie war nicht nur dreckig und stinkig, sondern auch ringsum dick mit Kot beschmiert. Jetzt war ich sogar dankbar für das starke beißende Putzmittel in der Nase. Aber, dachte ich, wir werden alle mal alt, und wer weiß, welche Macken und Probleme es für uns mit sich bringt. Gerade wollte ich den groben Dreck vom Boden entfernen, als die Dame, die sich eher wie eine Furie aufführte, mich von hinten schubste, sodass ich im Dreck landete. Sie lachte hysterisch dabei und meinte: »Sie müssen sich ihr Geld schon verdienen!« Wut machte sich breit in mir: »Herr, es reicht!« Ich stand auf, ließ die Putzsachen in den Eimer fallen, putzte mir Knie und Hände ab und lief zur Tür. Nur raus hier, nur weg!

Draußen kamen mir die Tränen. Ich fühlte mich schmutzig und gedemütigt. Zu Hause schrubbte und wusch ich mich, als hätte ich seit Jahren kein Wasser gesehen. Als ich dann endlich auf meinem Sofa zur Ruhe kam, musste ich meinen Frust an Gott loslassen. »Herr, ich bin so weit unten, tiefer geht es nicht mehr, bitte hilf mir aufzustehen!«

In mein Flehen hinein klingelte wenig später das Telefon. Unser Gemeindepastor war dran und fragte mich, ob ich einer jungen Familie gegen geringe Bezahlung im Haushalt helfen könnte. Ich kannte die Familie – sie ist echt freundlich und warmherzig – und sagte gern meine Hilfe zu.

Der Frau, die mich damals gekränkt und gedemütigt hat, habe ich inzwischen vergeben. Vergessen werde ich sie nicht. Aber wieder einmal hat Gott mir die Augen geöffnet. Ich habe Hochachtung vor den Frauen und Männern, die anderen mit dem Reinigen und Putzen einen wertvollen Dienst erweisen, und ich wünsche ihnen, dass sie immer respektvoll und ordentlich behandelt werden.

Neue Schritte gehen

Langsam, aber stetig erhole ich mich von den tiefen Einschnitten in meinem Leben. Ich habe losgelassen und akzeptiert, die Verletzungen heilen. Die ersten Schritte in eine neue, wenn auch noch ungewisse Zukunft sind getan.

Ich habe gelernt, Gott in allem zu vertrauen, mich über kleinste Erfolge zu freuen, mich in Dankbarkeit zu üben, was mir mehr und mehr vom Kopf ins Herz geht. Ja, es gibt Tage, an denen ich trotz Widrigkeiten mein Dasein genießen kann: bei einem Waldspaziergang, einer Fahrradtour am Stausee, einer Tasse Cappuccino mit meiner Freundin im Café »Extrablatt«, bei einem Telefonat mit meiner Mama oder einem guten Buch, das ich endlich wieder lesen kann!

Zu der jungen Familie, die ich im Haushalt unterstützen will, gehören zwei kleine Kinder. Sabine, die Mutter der beiden, ist längerfristig erkrankt und ist auf Hilfe angewiesen. Wieder gebraucht zu werden und meine Gaben einzubringen, wird sicherlich auch meiner Seele guttun. Ich vereinbare einen Termin mit der Familie, die ich bereits aus dem Hauskreis kenne.

Wir besprechen gemeinsam den Aufgabenbereich und ich lerne die beiden Jungs kennen, die drei und sechs Jahre alt sind. Von da ab besuche ich die Familie an bestimmten Tagen. Ich hole den Großen vom Kindergarten ab, kaufe ein, bereite das Mittagessen vor und helfe im Haushalt. Ab und zu trinken wir am Nachmittag einen Kaffee oder Tee zusammen, spielen mit den Kindern und lernen uns in Gesprächen mehr und mehr persönlich kennen.

Zwischenzeitlich erhalte ich Rückmeldungen von meinen Bewerbungen. Neben einigen Absagen werde ich hier und da auch zu einem Bewerbungsgespräch eingeladen. Aber von all den Stellen, die mir angeboten werden, stimmen entweder die Arbeitszeiten und die Arbeitsbedingungen nicht, oder ich fühle mich den Anforderungen noch nicht gewachsen.

Während eines Reha-Aufenthaltes von

Sabine verbringe ich mehr Zeit in der Familie. Damit wächst auch die Verantwortung für die Kinder, die ich inzwischen ins Herz geschlossen habe. Viele Absprachen erledigen sich mit der Zeit und ich fühle mich als ein Teil der Familie.

Im Laufe des Jahres verschlimmern sich die Beschwerden. Nach vielen Therapien und Operationen wird Sabine mitgeteilt, dass es aus medizinischer Sicht keine Chance auf eine Heilung gibt. Wir sind alle betroffen. Ängste, Mutlosigkeit, Trauer und Hilflosigkeit machen sich breit. Trotzdem wollen wir weiterhin auf ein Wunder hoffen und dafür beten. Aber uns beschäftigen auch Gedanken und Fragen darüber, wie es weitergehen soll, sie bestimmen von jetzt an unseren Alltag. Über einen Aufenthalt in einem Hospiz wird nachgedacht. Für die Familie würde damit jedoch der Abschied erschwert und sie entscheiden sich nach Gebeten und im Austausch mit Freunden und Vertrauten dazu, dass Sabine die letzten Wochen zu Hause verbringt. Von nun an werden der Palliativarzt und der Hospizdienst hinzugezogen. Wir versuchen den Tagesablauf so normal wie möglich zu belassen. Es gibt schöne, fröhliche und erinnerungsvolle Tage, aber auch Schmerzen, Tränen, Traurigkeit. Manchmal gelingt es uns, für einen kurzen Moment dem Sterben zu entfliehen, etwa durch einen Waldspaziergang oder einen Zoobesuch mit den Jungs. Innerliche und äußerliche Kämpfe werden ausgefochten. Wenn gar nichts mehr geht, werfen wir Gott unseren Frust und unser Aufschreien vor die Füße. Dann spüren wir die stillen und wohltuenden Atempausen. Wir fühlen Gottes Arme, die sich liebend und schützend um uns legen. In manchen Augenblicken empfinden wir sogar Dankbarkeit und erleben Gottes Segen.

An einem Tag bittet mich das Ehepaar um ein Gespräch. Mittlerweile kann Sabine das Bett nicht mehr alleine verlassen. Ihr Anliegen, mich weiter als fest angestellte Familienpflegerin anzustellen, damit ich weiter für die Kinder da sein kann, berührt zutiefst mein Herz. Hier vertrauen mir zwei Menschen ihr Liebstes und Wertvollstes an, was sie haben, zwei wunderbare Jungs. Ich spüre eine unendliche Wertschätzung, die mir entgegengebracht wird, aber auch eine große Verantwortung. Nach einer Zeit des Gebetes und des Bedenkens gebe ich meine Zusage. In den nächsten Wochen höre ich Sabine oft zu und wir besprechen viele Wünsche und Vorstellungen, die sie für die Zukunft ihrer Kinder hat. Ich gebe ihr mein Versprechen, mit Gottes Hilfe die Familie so gut zu unterstützen, wie es in meiner Kraft steht, und vor allem den Kindern ein schönes und behagliches Zuhause zu geben.

Dieses Versprechen liegt jetzt einige Jahre zurück. Die Kinder haben sich trotz der Trauer um ihre Mama toll entwickelt, sind fröhlich, kreativ, haben Freunde, kommen in der Schule gut klar, und dank der Unterstützung und Liebe ihres Papas und nahestehender Freunde meistern sie ihr Leben. Natürlich gibt es auch Tage des Trauerns, Tage, an denen die Mama und der Partner fehlt.

Aber der Horizont hat sich geweitet, und somit sind auch neue Perspektiven erkennbar. Vieles wird neu gestaltet und manches überdacht.

Gott führt uns Wege, die für uns Menschen nicht immer verständlich sind. Aber seine Treue und seine begleitende Liebe verändern sich nicht, sie umgeben uns an jedem neuen Tag, und bei jedem neuen Schritt geht er mit uns. Ja, immer wieder bringt er uns auch zum Staunen. Im Vertrauen auf Gott habe ich viele Bewerbungen geschrieben und er hat mir in dieser Familie die richtige Stelle zur richtigen Zeit geschenkt.

Die Zeit anhalten

Zwei Arme legen sich um meinen Hals. Der kleine Junge, der mein Herz berührt, flüstert mir ins Ohr: »Ich hab dich ganz doll lieb!«

Es liegt so viel Wärme darin, Ehrlichkeit, Echtheit und Wertschätzung.

Gemeinsam mit meinen zwei Tageskindern besuche ich den Wuppertaler Zoo: »Ich finde den Tag bombig!«

Meine Gedanken und Gefühle spiegeln eine tiefe Dankbarkeit, und Erfüllung findet einen Boden in mir.

Sein Bruder kommt auf uns zugelaufen und wirft uns fast um in seinem Übermut.

Freude, Erleben, Abenteuer, Spannung, eine Handvoll Kinderlachen und leuchtende Augen. Wie wenig man doch investieren muss, dass so viel zurückkommt.

Zeit, Geduld, ein offenes Ohr, Fürsorge und ein liebendes Herz. Es kostet nichts und ist doch unbezahlbar.

Ich möchte sie am liebsten anhalten, die

Zeit, ihn festhalten, diesen wunderbaren Moment.

Gemeinsam beobachten wir den verspielten Eisbär, der versucht, die künstliche Eisscholle zu erklimmen. Mit seiner Schnauze balanciert er einen blauen Spielball.

Es wird geklatscht, gejuchzt, lauthals angefeuert, und ab und zu lösen sich Kinderfüße von der Erde, um einen Luftsprung zu vollbringen.

Welch ein Geschenk, was für ein herrlicher Tag!

Für einen Augenblick sind alle Kümmernisse, Ängste, Sorgen und Krankheit vergessen. Für einen Moment tauchen wir ein in die Unbeschwertheit des Seins, hier und jetzt.

Der kleine Hunger meldet sich und wir suchen uns ein schattiges Plätzchen für ein Picknick.

Beim Essen überschlagen sich munteres Plaudern und Fragen. Warum? Wieso? Weshalb? Woher? Weswegen?

Ich staune über so viel Wissbegierde und Fantasie. Der große Bruder erklärt dem kleinen, was der nicht versteht. Ich muss schmunzeln über so viel Klugheit und freu mich über die liebevolle Art, wie er ihm Dinge und Sachen erklärt. Mit offenem Mund hört der Knirps ihm zu und Bewunderung für seinen älteren Bruder strahlt in seinem mit Eis verschmierten Gesicht.

Wie einzigartig und wundervoll doch Kinder die Vielfalt und Genialität Gottes widerspiegeln. Mit dem Bollerwagen und den Rucksäcken im Gepäck ziehen wir weiter.

Im Pinguinenhaus faszinieren uns die Pinguine mit ihrer Tauchaktion und es ist lustig, ihr Watscheln nachzuahmen. Wir folgen einem unterirdischen Gang. Die Pinguine schwimmen über uns und wir sind im Aquarium plötzlich umgeben von Wasser. Ein wenig unheimlich fast, aber erstaunlich, was der Mensch sich ausdenkt. Eine kleine Hand sucht meine große Hand. Die Welt zu verstehen und die Wunder zu verarbeiten, sprengt den Horizont eines kleinen dreijährigen Jungen. Ich nehme ihn auf den Arm, ein tiefer Seufzer entrinnt meinem Gegenüber, das mir gerade bis zu den Hüften reicht. Es war ein aufregender Tag, den wir mit einem Besuch auf dem Spielplatz ausklingen lassen.

Vier müde kleine Füße erklimmen den Bollerwagen und ich ziehe die wertvolle Fracht zum Ausgang.

Das war im Sommer 2014. Ein halbes Jahr später starb die Mutter der beiden Jungen.

Loslassen

Ein kleiner Bach schlängelt sich an unserem Weg entlang durchs Tal. Er ist eingebettet in Wiesen, Felder und ringsum von buntem Mischwald umgeben. Steine zieren das Bachufer und lassen schöne Muster entstehen. Wir bleiben eine Weile stehen. Es ist einer deiner Lieblingsorte. Am blauen Himmel scheint warm die helle Sonne. Du streckst dich ihr entgegen und spürst sie auf deiner Haut. Es ist ein stiller, sanfter und berührender Augenblick.

Ich betrachte dein Gesicht, für einen Moment breitet sich tiefer Friede darauf aus. Du lächelst mich an und gibst mir zu verstehen, wie wertvoll er für dich ist.

Wie gerne würdest du jetzt deinen Rollstuhl verlassen, den Waldboden unter deinen Füßen spüren, laufen und springen wie ein Kind. Es versetzt meinem Herzen einen Stich. Eigentlich ist heute für dich kein guter Tag. Du fühlst dich schwach, oft überkommen dich Schmerzen und Übelkeit. Trauer über das, was nicht zu ändern ist. Du weißt, dass du loslassen musst, dass die verbleibende Zeit zu kurz ist für große Zukunftspläne.

Dein Wunsch, für eine Weile alleine zu sein, lässt mich zu einem einsamen Spaziergang aufbrechen. Als ich mich umdrehe und dich dort im hellen Licht der Sonne im Rollstuhl sitzen sehe, die Hände zum Himmel ausgestreckt, überkommt mich das Gefühl, dass du ihm schon sehr nah bist. Tränen laufen über mein Gesicht. Ich denke an die beiden kleinen Jungen, denen ihre Mama fehlen wird, an den Mann, dem du die Liebe seines Lebens bist, deine Familie, deine Freunde. Welch große Lücke und Leere wirst du hinterlassen.

Loslassen, was für ein unscheinbares Wort – und doch von einer umfassenden Größe, Gewaltigkeit und Endgültigkeit.

Ich wende mich wieder meinem Weg zu. Irgendwie sind meine Schritte mühsamer als sonst. Meine eigene Lebenssituation kommt mir in den Sinn. Auch mein Leben ist zurzeit nicht unbeschwert, auch ich muss lernen loszulassen. Aber trotz allem Schweren gibt es so viele schöne Erinnerungen, Erlebnisse, Begegnungen und Erfahrungen. Meine bereits erwachsenen Söhne, die erfolgreichen Schulabschlüsse, das abgeschlossene Studium, die gute Ausbildung, meine kleine Enkeltochter, Familienfeste und Urlaube. Ich habe viel Grund zum Danken. Ich atme die wohltuende Waldluft ein und ich spüre das Leben. Auf einer Lichtung verweile ich für einen Augenblick und spreche ein Gebet.

Auf dem Rückweg denke ich an Sabine, die so viel durchleiden muss. Die so tapfer kämpft, so viel erduldet und gehofft hat. Sie wird ihre Kinder nicht heranwachsen sehen, es gibt für sie und ihren Mann keine gemeinsamen Zukunftsträume mehr. Keine Treffen mit Freundinnen und Familie, die fehlende Perspektive, wieder gesund zu werden.

Und doch: Sie durfte erfahren, was es heißt, geliebt zu werden, schenkte zwei gesunden Jungen das Leben. Sie weiß um wahre, echte Freundschaften und ihre Familie, die den schweren Weg mitgeht. Sie ist vielen Menschen, denen sie begegnete, zu einem Vorbild geworden. Auch in der Zeit, die sie mit ihrer Familie als Missionarin im Tschad verbracht hat, wo sie Herzen berührt und ihren Glauben in Wort, in der Tat und im Vertrauen auf Gott gelebt hat. Selbst heute spürt man ihr ab, dass Gott uns nicht am Leid vorbeiführt, uns aber hindurchhilft.

Ich selbst wurde schon so oft von ihr ermutigt, getröstet und gestärkt, und sie schenkte mir gerade in angefochtenen Zeiten Geduld und Wertschätzung. Manchmal konnte ich nur staunen, woher sie die Kraft nahm. Sie ist ihren Kindern eine wunderbare, kreative und liebevolle Mutter. Sie wird Spuren in ihrem Leben hinterlassen. Vieles wird sie prägen und begleiten.

Fast bin ich am Ausgangspunkt. Von Weitem sehe ich schon den Rollstuhl in der Sonne blinken. Ich beschleunige meine Schritte, denn ich bemerke, dass sie ziemlich geschafft ist. Ein müdes Lächeln macht deutlich, dass es Zeit wird nach Hause zu fahren.

Es dauert eine Weile, bis wir im Auto sitzen. Wir nehmen uns in den Arm und sprechen gemeinsam mit unserem Vater im Himmel. Er weiß, wie wir uns fühlen, welche Gedanken uns bewegen. Die Frage nach dem »Warum?«, die wir uns immer wieder stellen. Aber hier und jetzt spüren wir auch, dass wir von Gott gehalten, getragen und in seinen Händen geborgen sind. Wir finden Frieden, den uns kein Mensch geben kann. Ja, es gelingt uns, Danke zu sagen.

Danke für die schönen Momente, danke für diesen Tag des Lebens.

Danke für hier und jetzt.

(In Erinnerung an Sabine, du fehlst uns!)

Ein Trauerpicknick

Ich sitze mit den zwei Jungs im Wohnzimmer auf dem Boden, umgeben von Malstiften, Farben und Pinseln. Eigentlich nichts Besonderes, denn die Kinder sind kreativ und malen gerne. Aber wir werden heute kein gewöhnliches Bild gestalten, sondern einen leeren Holzsarg bunt malen. Es klingt ziemlich grotesk, aber am Tag zuvor ist die Mama der beiden Kinder gestorben.

Gestern in den frühen Morgenstunden haben wir ihr ihren roten Lieblingspulli und ihre Jeans angezogen und sie aufs Bett gelegt. Familie und Freunde konnten sich den ganzen Tag über von ihr verabschieden. Wir empfanden es als tröstend und hilfreich, persönlich Abschied von dem geliebten Menschen zu nehmen. Es war für alle ein schwerer Tag, für den Vater und die Jungs, ja, für uns alle. Am Abend haben wir im Wohnzimmer in einer kleinen Feier Abschied genommen. Es waren Menschen da, die die Familie in den letzten Monaten begleitet und für sie gebetet haben. Wie sehr haben wir auf ein Wunder gehofft, aber auch, wenn es anders gekommen ist, sind wir dankbar, dass Sabine jetzt bei Jesus ist und alle Schmerzen und alles Leid zu Ende sind. Wir sind dankbar für die Zeit, die wir mit ihr haben durften. Zusammen singen wir einige ihrer Lieblingslieder, der Ehemann, die Kinder und Freunde erinnern sich an gemeinsame Erlebnisse, die Kinder haben Bilder vom Paradies gemalt, wo ihre Mama jetzt wieder springen und laufen kann, Bibelverse werden gelesen, wir beten miteinander, lassen los und weinen um eine wunderbare und einzigartige Frau. Als dann am Abend der Bestatter kommt, um Sabine abzuholen, fühlen wir schon jetzt, dass sie uns fehlen wird.

Ja, nun hat der erste Tag begonnen, an dem wir diese schmerzliche Lücke empfinden. Das leere Bett, eine Stimme, die verstummt ist, keine Mama, die ihre Kinder in den Arm nimmt. Stille und Traurigkeit erfüllen den Raum. Der Ehemann ist unterwegs, um die vielen Gänge zu erledigen, die nach einem Tod und für die Beerdigung erforderlich sind. Jetzt wollen wir den leeren Holzsarg, der geliefert wurde und im Wohnzimmer steht, für die Mama bunt gestalten. Zum Teil haben die Jungs mit ihrem Papa schon in der Frühe mit dem Bemalen begonnen. Es soll den Kindern helfen, den Blick vom Tod weg auf den Himmel zu lenken und die Schrecken zu nehmen. Die Jungs haben Ideen und setzen sie in die Tat um. Ein Regenbogen, Sonne, blauer Himmel, eine Wiese, bunte Blumen, ein Kreuz … Sie haben viele Fragen zwischendurch und nicht immer kann ich ihnen eine Antwort geben. Ich selbst habe kaum geschlafen, auch mein Herz ist bleischwer. Ich habe Kakao gekocht und Brote für sie gestrichen, aber die Trauer schnürt ihnen die Kehle zu. Gerne würde ich die beiden bewegen, etwas zu essen. Da kommt mir plötzlich eine Idee, vielleicht ist es aber auch ein guter Gedanke, den Gott mir schenkt: ein *Trauerpicknick*, bei dem ich den Jungs eine Geschichte erzähle, an die ich mich erinnere.

Zunächst breiten wir eine Decke vor dem Sarg aus. Danach holen wir Müsli, Schalen,

Obst, kleine Messer und Löffel und bereiten gemeinsam das Picknick vor. Eine Kerze
gehört natürlich auch dazu, Servietten und
ein Foto von Mama. Wir sprechen ein Gebet
und haben plötzlich das Empfinden, die Lücke ein wenig auszufüllen. Zu meiner Freude löffeln die Jungs ihre Müslischalen bis
auf den letzten Krümel leer und trinken ihren Kakao. Meine versprochene Geschichte
muss ich noch erzählen. Dazu rücken die
beiden nah an mich heran und ich nehme
sie in den Arm. Von einem Trauerseminar,
an dem ich vor einiger Zeit teilgenommen
habe, ist mir ein Beispiel in Erinnerung
geblieben, wie man mit Kindern über das
Sterben und den Tod spricht. Da gab es die
Geschichte von einem Handschuh. Wenn
ein Handschuh leer ist, ist er eine nichtssa-
gende Hülle. In dieser Hülle entsteht Leben
und Bewegung, wenn eine Hand ihn füllt.
Wenn man die Hand wieder herauszieht, ist
die Hülle leblos. Das, was sie lebendig gemacht hat, ist nicht mehr da. Ja, so ähnlich
ist es, wenn ein geliebter Mensch stirbt. Das,
was seine Hülle lebendig und ausgefüllt hat,
ist gestorben, man kann auch sagen, seine

Seele und sein Geist sind jetzt bei Gott im Himmel. Das, was später in den Sarg gelegt und beerdigt wird, ist nur noch die Hülle.

Ich weiß nicht, ob die Kinder es wirklich verstanden und begriffen haben, aber für den Moment kommen sie zur Ruhe und wenden sich wieder mit neuer Energie dem Bemalen des Sarges zu. Augenblicke wie diese erlebe ich später noch öfter und sie sind für mich wie ein Geschenk des Himmels, so als würde Gott sich der kleinen Kinderseelen besonders annehmen, sie schützen und bewahren.

Am Nachmittag kommen Freunde der Kinder und des Vaters, Hausbewohner, enge Vertraute und liebenswerte Menschen, die auch dazu beitragen, dass aus einem einfachen Holzsarg ein buntes und herrliches Abbild vom Paradies wird.

In diesem Paradies lebt jetzt Sabine, und wir freuen uns darauf, ihr eines Tages dort zu begegnen.

Abschied nehmen

Seit ich von meiner Kur in Bad Zwesten zurück bin, wechsle ich in unregelmäßigen Abständen E-Mails mit dem Pastorenehepaar, das ich kennengelernt habe. Sie berichten mir mit Freude von ihrem Familientreffen mit Kindern, Partnern und Enkelkindern. Ruth ist dankbar, dass es ihr kräftemäßig möglich war. Jörg erzählt von seinen Bienen, seinem Garten und vom Alltag, der manchmal sehr herausfordernd ist.

Danach entsteht eine längere Schreibpause.

Zu Weihnachten bekomme ich dann liebe Weihnachtsgrüße, aber auch die Nachricht, dass es Ruth zunehmend schlechter geht und sie das Bett kaum noch verlassen kann. Wir versprechen uns, füreinander zu beten und weiter Anteil aneinander zu nehmen.

Auch meine Post enthält traurige Mitteilungen. In der Nacht zum 3. Advent ist die Mutter der Jungen gestorben, in deren Familie ich fest angestellt bin. Ihr Tod über-schattet die Weihnachtsfreude. Die Tage, die danach folgen, sind schwer für mich. Trauer birgt viele Facetten, und die Fragen, die ich mir und Gott stelle, bleiben unbeantwortet, obwohl ich Frieden darüber finde.

Von nun an schreiben Jörg und ich uns regelmäßig. Auch wenn er mir Grüße von Ruth bestellt, habe ich den Eindruck, dass sie nicht mehr wirklich viel mitbekommt. Wir trösten und stärken uns gegenseitig. Ich weiß, wie es sich anfühlt, hilflos und ohn-mächtig Tag für Tag zu erleben, wie ein lie-ber Mensch leidet und man nicht mehr tun kann, als da zu sein, schöne Momente auszu-kosten, für ein Wunder zu beten, auszuhal-ten, durchzuhalten und Schmerzen zu lin-dern. Ermutigung und Zuversicht haben im Sterben oft nur wenig Platz. Die Hoffnung, dass wir einmal bei Gott sein werden und alles Leiden, alle Schmerzen zu Ende sind und alle Tränen abgewischt werden, haben wir in unseren Köpfen. Aber der Weg dahin bringt uns manchmal um unseren Verstand, sprengt unsere Grenzen, und unsere Herzen kommen nicht mit. Ja, das Leben danach geht weiter, aber es entstehen Lücken, die man kaum füllen kann.

Ende Januar teilt mir der Pastor dann mit, dass seine geliebte Frau Ruth heimgegangen ist. Ein Freund der Familie, der die Trauerrede halten soll, nimmt mich mit nach Bad Zwesten. Es ist eine schöne, würdevolle und trostvolle Trauerfeier. Das Kurhaus, in der die Abschiedsfeier stattfindet, ist gut gefüllt. Ruth muss eine besondere Frau gewesen sein, eine liebevolle, fürsorgliche Mutter und Oma. Im Glauben und im Vertrauen auf Gott ein Vorbild.

Ich lerne die Kinder und Enkelkinder von Ruth und Jörg kennen. Sie sprechen mich auf den Kalender an, den ich den Eltern mit meinen gemalten Bildern geschenkt habe. Beim anschließenden Kaffeetrinken im Gemeindehaus der FeG nehmen viele die Gelegenheit wahr, von ihren gemeinsamen Erlebnissen und Begegnungen mit der Verstorbenen und der Familie zu erzählen. Ich bin bewegt, und obwohl ich die Familie nicht persönlich kenne, beeindrucken mich die Worte und Gesten, mit denen man sie beschreibt.

Leider habe ich an dem Tag kaum Gelegenheit, mit Jörg zu reden, außer ihm mein Beileid auszusprechen und ein paar tröstende Worte zu sagen. Es wird Abend und es ist an der Zeit aufzubrechen.

Wir verabschieden uns und Jörg hält meine Hand einen Moment länger. Er hat sich gefreut, dass ich zur Trauerfeier gekommen bin, um gemeinsam Abschied von seiner Frau zu nehmen.

Auf dem Heimweg habe ich Zeit, über vieles nachzudenken. Ich sehe die Bilder wieder vor mir, wie Jörg und Ruth in schweren Zeiten miteinander umgegangen sind. Sie haben einen tiefen Eindruck bei mir hinterlassen, der mir immer in Erinnerung bleiben wird. Es kommt mir in den Sinn, dass auch Jörg, genau wie ich, Abschied von seinem geliebten Partner nehmen musste. Das Leben geht weiter, auch wenn wir den Weg jetzt allein weitergehen müssen, ohne den Partner, die Partnerin. Ich habe das Gefühl, dass uns etwas miteinander verbindet, und ich weiß, ich werde weiterhin Kontakt zu ihm halten.

Nach einer Zeit des Trauerns telefonieren Jörg und ich das erste Mal. Anfangs ein wenig holperig, aber nach und nach wächst etwas Vertrautes zwischen uns. Von da an schreiben wir uns auch öfter, später sogar fast täglich. Wir teilen Freude, Trauer, Ängste und Sorgen miteinander. Ja und ich erwische mich dabei, dass ich ganz aufgeregt bin, wenn wir uns zu einem Telefonat verabreden. Wir werden offener und ich staune, wenn ich nach einer Stunde den Hörer auflege. Es ist wohltuend, sich einem Menschen anzuvertrauen. Nach langer Zeit der Einsamkeit habe ich das Gefühl, jemandem wichtig und wertvoll zu sein. Jemandem, der mich annimmt und akzeptiert mit allem, was mich als Frau ausmacht, und dazu gehört auch meine nicht einfache Lebensgeschichte. Freude und Zuversicht nehmen zu und mit neuem Antrieb, voller Erwartung sehe ich der Zukunft entgegen.

Der Traummann

In einem Bericht habe ich gelesen: Wenn Menschen schlafen, dann träumen sie. Wissenschaftlich ist erwiesen, dass sich 80 Prozent aller Menschen an ihre Träume erinnern. Und auch wer sie nicht mehr weiß, träumt jede Nacht. Ich bin kein Wissenschaftler, aber auch ich erinnere mich an manche Träume, nicht immer sind es angenehme und schöne. Es gibt Zeiten, in denen Albträume die Nächte bestimmen, dann wird man verfolgt, kommt nicht von der Stelle oder fällt in einen Abgrund ins Bodenlose. Oder man verarbeitet Erlebnisse aus der Vergangenheit oder Ereignisse, die noch bevorstehen. Einmal bin ich von meinem eigenen Schreien wach geworden. Ein anderes Mal habe ich im Schlaf so laut gelacht, dass mein Nachbar mich am anderen Tag gefragt hat, was ich denn mitten in der Nacht so Lustiges erlebt habe. (Ich muss dazu sagen, dass ich bei offenem Fenster schlafe.) Ab und zu können Träume uns trösten, manchmal ermutigen und stärken. Hin und wieder werden Träume auch Wirklichkeit. Vielleicht war es sogar ein prophetischer Traum, von dem ich jetzt erzählen möchte.

Seit einiger Zeit macht sich meine Mutter Sorgen um mich. Seitdem ich allein lebe und es immer wieder Tage gibt, an denen mich die Einsamkeit einholt und ich darüber trauere, was ich in den letzten Jahren verloren habe, wünscht sie sich, dass Gott mich nicht allein bleiben lässt. Mit so einem Wunschgedanken ist sie damals wohl auch eingeschlafen. Ich weiß, dass sie für ihre Kinder und Enkelkinder betet und ihre Anliegen vor Gott bringt. Ich glaube, dass er es auch war, der ihr damals diesen Traum geschenkt hat, den sie mir später erzählt.

Seit einigen Wochen bin ich von meiner zweiten Kur in Bad Zwesten zurück. Meine Mutter hat mich zum Essen eingeladen. Irgendwie wirkt sie gelassener und fröhlicher als sonst. Den Grund erfahre ich kurz darauf. Sie erzählt mir von ihrem Traum, in dem ihr mein zukünftiger Mann begegnet sei. Er sei sympathisch, habe eine angeneh-me Stimme und graues Haar und er habe bei der Begegnung einen Nadelstreifenanzug getragen. Tja, was Mütter sich so ausden-ken, wenn sie ihre Kinder trösten, ermuti-gen und aufbauen wollen. Aber sie wirkt so überzeugt und meint, weil sie diesen Traum sogar mehrmals geträumt hat, ist sie sich si-cher, dass ich nicht allein bleiben werde.

Irgendwie berührt mich ihre Geschichte von dem Traummann. Ich spüre, wie lieb sie mich hat. Wie sehr wünscht sie sich, dass ich wieder glücklich bin und nicht allein bleibe. Ob sich dieser Traum wirklich erfül-len wird? Ich bin gespannt.

Der Besuch

Es gibt Begegnungen im Leben, die sich einprägen. Menschen, die einem auf Anhieb sympathisch und vertraut sind. So jemanden habe ich in Jörg gefunden. Schon seit Längerem telefonieren und schreiben wir uns. Beim letzten Telefonat erzählt er mir, dass er Schmerzen im Arm und in der Brust habe. Er führt es darauf zurück, dass er seine verstorbene Frau einige Monate im Rollstuhl geschoben hat. Wir vermuten beide, dass es sich um eine Überlastung handelt. Ich bitte ihn trotzdem, einen Arzt zu konsultieren. Schon kurz danach bekomme ich von ihm die Rückmeldung, dass er zeitnah operiert werden muss. Eine Herzklappe arbeitet nicht mehr richtig und Arterien sind bereits verstopft. Die Klappe muss ersetzt und Bypässe müssen gelegt werden. Die Operation ist nicht einfach, ist aber für die Ärzte trotzdem ein Routineeingriff.

Zunächst bin ich geschockt und muss die

Nachricht erst einmal verdauen. Ich spüre plötzlich, wie viel mir der Mann am anderen Ende der Leitung bedeutet. Obwohl wir uns seit der Trauerfeier seiner Frau nicht gesehen haben, fühle ich mich mit ihm sehr verbunden.

Er verspricht mir, sich zu melden, sobald er die Operation überstanden hat. Zum ersten Mal, seit wir uns kennen, beten wir gemeinsam am Telefon. Als ich den Hörer aufgelegt habe, werde ich von einem heftigen Schluchzen geschüttelt und ich lasse meinen Tränen freien Lauf. In den letzten Jahren habe ich so viel verloren, so unendlich viel losgelassen und akzeptiert. In Jörg habe ich endlich einen Menschen gefunden, dem ich wieder vertrauen kann, der mir zuhört, mir Wertschätzung entgegenbringt, mich ermutigt, mit dem ich weinen, trauern, lachen und über Gott und die Welt reden kann, mehr noch … er ist inzwischen mein bester Freund. Er hat einen festen Platz in meinem Herzen. Als ich mich einigermaßen beruhigt habe, gebe ich meine Ängste und Sorgen im Gebet an Gott ab. Dann folgt eine qualvolle und lange Woche.

Ich höre nichts von Jörg, obwohl die Operation schon einige Tage zurückliegt. Gerne würde ich seine Kinder anrufen, aber ich weiß weder wo sie wohnen noch habe ich ihre Telefonnummer. Die Kontaktaufnahme ist also schwierig. Ob er die Operation gut überstanden hat? Ich wäre jetzt gerne bei ihm. Irgendwie fühle ich mich nicht vollständig. Ist er wirklich schon so verwurzelt in meinem Herzen, dass ich mich danach sehne, wenigstens seine Stimme zu hören? Dann kommt endlich die befreiende Nachricht. Die Kinder haben ihrem Papa ein Smartphone geschenkt, von dem er mich anruft. Fast im Flüsterton, da er noch sehr schwach ist, teilt er mir mit, dass es eine längere Operation war, die aber gut verlaufen sei. Wir halten das Gespräch kurz, weil das Reden noch zu anstrengend ist. Jörg lebt! Es geht ihm den Umständen entsprechend gut. Gott sei gedankt!

Der Genesungsprozess gestaltet sich langsam und stellt Jörgs Geduld auf eine harte Probe. Seine Kinder kümmern sich fürsorgend und liebevoll um ihn. Wir telefonieren jetzt häufiger und schreiben uns SMS, später dann WhatsApp-Nachrichten. Zwischendurch bekomme ich auch ein Foto von ihm, worüber ich mich freue. Zu Hause betreuen die Nachbarn das Haus und pflegen den Garten. Eine Nachbarin leert den Briefkasten und schaut nach dem Rechten, welch ein Geschenk! Nach seinem Rehaaufenthalt denken wir darüber nach, ob ich ihn in Bad Zwesten besuchen komme.

Für den Monat Juni buche ich bei einem Ehepaar, das ich über Jörg kennengelernt habe, für ein paar Tage ein Zimmer. Die Nacht vor meiner Abreise kann ich vor Aufregung kaum schlafen. Morgens um acht Uhr fahre ich los. Ich bin bei Jörg zum Mittagessen eingeladen. Zunächst quartiere ich mich in meiner Unterkunft ein, halte noch ein »Quätschchen«, wie man bei uns im Pott so treffend sagt, und mache mich dann auf den kurzen Weg zu Jörgs Haus. Wie schön alles ums Haus herum blüht! Ich drücke auf den Klingelknopf, mit Herzklopfen wie bei einem Teenie. Ein strahlender, wenn auch noch ein wenig angeschlagener Mann steht vor mir. Wir begrüßen uns herzlich und ich nehme ihn mit Rücksicht auf seine OP-Narbe vorsichtig in den Arm. Es gibt Fisch und Salat. Anschließend trinken wir in seinem wunderbaren Garten, wo die Margeriten blühen, einen Kaffee. Es wird ein schöner Nachmittag und Abend. Am nächsten Tag machen wir einen ausgiebigen Spaziergang mit längeren Pausen, da Jörg schnell aus der Puste kommt. Auf einer Bank am Teich, der am Waldrand liegt, nehmen wir uns an die Hand. Wir sehen uns in die Augen, und ich spüre, dass etwas Neues und Wunderbares in unser Leben Einzug hält.

In den nächsten Wochen und Monaten fahre ich öfter übers Wochenende nach Bad Zwesten. Manchmal, wenn ich unterwegs bin, muss ich schmunzeln. Dann denke ich daran, wie schwer es mir damals bei meinem ersten Reha-Aufenthalt gefallen ist, hier zu sein, und ich mich gefragt habe, warum Gott mich ausgerechnet hierhergeführt hat. Einer Antwort auf diese Frage bin ich auf der Spur, das ahne ich.

Der Traummann wird mein Mann

Seit ein paar Monaten ist Jörg, in den ich mich verliebt habe, im Ruhestand. Zum ersten Mal besuchen wir gemeinsam den Gottesdienst. Seine alte Gemeinde hat ihn gebeten, dort heute die Predigt zu halten. Ich habe bei Bekannten übernachtet und gefrühstückt und so vereinbaren wir, uns im Gemeindehaus zu treffen. Wir kommen ein wenig später und Jörg ist bereits im Gespräch mit einem der Gottesdienstbesucher. Er ist dem Menschen, der ihm gegenübersteht, sehr zugewandt. Die Art, wie freundlich er ihm begegnet, berührt mich. Zum ersten Mal fällt mir bewusst auf, welch eine angenehme Stimme er hat. Kein Wunder, dass ich mich in den sympathischen Mann mit den grauen Haaren verliebt habe. Irgendwie kommt mir die Situation plötzlich bekannt vor. Als er sich zu mir umdreht und mir strahlend entgegenkommt, traue ich meinen Augen nicht: Er trägt einen grauen Nadelstreifenanzug! Mit einem Mal muss ich herzlich lachen und daran denken, was meine Mutter geträumt hat. Jetzt weiß ich, warum Gott mich zur Reha nach Bad Zwesten geschickt hat.

Jörg und ich haben unsere Gefühle füreinander entdeckt, wir freuen uns über viele Gemeinsamkeiten und lernen uns nach und nach immer besser kennen.

Obwohl uns 240 Kilometer voneinander trennen, sehen wir uns fast an jedem Wochenende. Ein Zimmer bei den benachbarten Freunden steht mir nach wie vor zur Verfügung. Wir unternehmen stundenlange Spaziergänge, sitzen bis spät in die Nacht hinein im Garten oder im Kurpark auf unserer Lieblingsbank. Wir halten uns an den Händen, lesen einander etwas vor oder erzählen uns gegenseitig etwas aus unserem bisherigen Leben. Gerne hören wir auch zusammen Musik, lesen in der Bibel und beten miteinander. Leider geht das Wochenende viel zu schnell um. Als er mich dann zum ersten Mal im Ruhrgebiet besucht, lernt er auch meine Familie kennen. Meine Mama ist natürlich besonders gespannt auf »den Traummann«. Sie findet ihn auf Anhieb sympathisch und auch meine Geschwister mögen ihn. Irgendwann wissen wir es dann: Gott hat uns zusammengeführt und aus unserer Verliebtheit ist Liebe geworden.

Nach vielen Gebeten und Überlegungen verkauft Jörg sein Haus in Bad Zwesten und zieht zu mir ins Ruhrgebiet, wo er sich nach einer Zeit der Eingewöhnung so richtig zu Hause fühlt. Inzwischen haben wir unseren dritten Hochzeitstag gefeiert, wir freuen uns an den Kindern und Enkelkindern, sind glücklich miteinander und fühlen uns reich beschenkt.

Ja, so ist der Traum meiner Mutter Wirklichkeit geworden und gleichzeitig auch meiner.

Freundin

Die Wege, die Gott uns führt, ergeben nicht immer gleich einen Sinn.

So ging es mir auch vor einigen Jahren, als ich Edda begegnete, die jetzt meine beste Freundin ist. Wir waren damals beide in einer heftigen Lebenskrise, ohne es voneinander zu wissen. Obwohl wir gemeinsam in eine Gemeinde gingen, blieben wir uns fremd. Irgendwie fehlte die gemeinsame Schnittstelle, zudem war sie Single, und ich verspürte nicht das Bedürfnis, sie näher kennenzulernen, da ich einen großen Freundeskreis hatte und verheiratet war. Das allerdings sollte sich bald ändern. Durch die Trennung von meinem damaligen Mann und die Folgen, die sich daraus ergaben, geriet ich ins Schlingern. In vielem war ich überfordert und fühlte mich allein gelassen. Alte Freunde zogen sich zurück. Heute weiß ich, dass es nicht böswillig geschah, aber viele konnten mit unserer Situation nicht umgehen. Mein Lebensinhalt, das, was ich bis dahin für fest und unumstößlich hielt, fing an zu bröckeln. Mit einem Mal war auch ich ein Single und allein. Tja, so schnell ändern sich Situationen und Bedürfnisse.

Hilfe suchend wandte ich mich an unseren Pastor, weil ich mich plötzlich mit vielen Rechtsfragen und wirtschaftlichen Problemen auseinandersetzen musste. Er vermittelte mich an eine Frau in der Gemeinde, der es vor einiger Zeit ähnlich ergangen war, und gab mir ihre Telefonnummer. Als ich ein paar Tage später bei ihr anrief und sich eine Edda meldete, hatte ich ihr Gesicht schnell vor Augen. Beim letzten Seminar hatten wir in der Mittagspause zusammen an einem Tisch gesessen und waren locker ins Gespräch gekommen, ich fand sie eigentlich ganz sympathisch. Sie lud mich zu sich nach Hause ein, damit wir uns zunächst einmal näher kennenlernen konnten.

Nach unserem ersten Treffen stellte ich erstaunt fest, dass sie auch geschieden und berufstätig war. Sie hatte zwei erwachsene Kinder und ging selbst einen schweren Weg. An ihrem Geburtstag, zu dem sie außer mir noch zwei weitere Gäste eingeladen hatte, verlebten wir in der kleinen gemütlichen Dachwohnung einen schönen, geselligen Nachmittag. Es wurde viel gelacht. Eddas Herzlichkeit, Anteilnahme und Offenheit mir gegenüber berührten mich. Obwohl sie selbst einige Schicksalsschläge und Verletzungen erlebt hatte, schien sie eine starke, mutige, glaubensfeste und positiv denkende Frau zu sein. Von da an trafen wir uns in regelmäßigen Abständen. Wir redeten miteinander, sie erklärte mir viele Zusammenhänge, tröstete und ermutigte mich und vermittelte mir Zuversicht. Als sie mich fragte, ob sie für mich beten dürfe, legte sie mir tröstend ihre Hand auf die Schulter und ein wohltuender Friede erfüllte mich. Als ich einmal sehr weinte, nahm sie mich in den Arm und sagte: »Weine nur, danach geht es dir besser. Gott sieht deine Tränen und steht dir in dieser schweren und unsicheren Zeit bei.« Danach fühlte ich mich tief in Gott geborgen und von ihm getragen.

Ich war Edda so dankbar für ihre Zusagen, ihren Trost und ihren Zuspruch, und plötzlich sah ich sie mit anderen Augen. Obwohl sie selbst so viel Kummer, Sorgen und so viel Leid hinter sich hatte, war sie mir ein Vorbild in ihrer Art, wie sie Menschen begegnete und sie ermutigte. Aber auch darin, wie stark ihr Glaube war und ihre Zuversicht in Jesus. Ich wollte von ihr lernen und mit der Zeit entwickelte sich aus unserem regelmäßigen Treffen langsam, aber stetig eine Freundschaft. Es wurde Sommer und wir fingen an, unsere Wochenenden gemeinsam zu gestalten. Wir gingen schwimmen, verabredeten uns zum Spaziergehen, tranken zusammen Kaffee, erzählten uns gegenseitig aus unserem Leben, luden uns zum Essen ein, trafen uns zu kleinen Picknicks am See, lasen gemeinsam in der Bibel und beteten miteinander. Wenn es der einen nicht gut ging, war die andere für sie da. Wir telefonierten viel und konnten uns aufeinander verlassen. Selten habe ich so eine tiefe Freundschaft erlebt. Natürlich haben wir auch viel miteinander gelacht, uns unsere Wünsche und Träume erzählt. Irgendwann spürten wir, dass unsere Verletzungen geheilt waren und wir wieder offen waren für eine neue Beziehung. Also beteten und hofften wir, dass Gott uns noch einmal einen Mann schenken würde. Natürlich jeder einen!!!

Rückblickend weiß ich: Es war gut, dass ich in ihr eine Freundin fand, mit der ich mich austauschen, beraten und gemeinsam zu Gott kommen konnte. Heute sind meine Freundin Edda und ich wieder verheiratet und glücklich. Unsere Freundschaft hält an und unser Horizont hat sich durch unsere Männer Christian und Jörg erweitert.

Gerne erzählen wir von unseren Ausflügen, den Treffen im Café »Extrablatt«, wo wir uns meistens eine Portion Pommes geteilt und ein Radler getrunken haben, unseren Sehnsüchten, Erlebnissen und wunderbaren Momenten, die uns haben staunen lassen.

Mittlerweile haben wir einen Freundinnentag eingeführt. Ein Tag, der nur uns gehört. An dem wir shoppen, quatschen, relaxen, saunieren, schwimmen, essen gehen, Kaffee trinken, einander Anteil geben an unserem Leben, Freude und Leid teilen, miteinander beten, lachen und weinen. Es ist etwas Besonderes für uns, und wir sind dankbar für das wertvolle Geschenk, beste Freundinnen sein zu dürfen.

Die Würde des Menschen
ist unantastbar

Die Würde des Menschen ist unantastbar. Dieser Satz steht in der Verfassung unseres Landes, in Paragraf 1. Zu diesem Thema sind schon viele Lieder geschrieben worden, es gibt unzählige Podiumsdiskussionen und es werden dazu immer wieder Artikel verfasst und Statements abgegeben.

Ich sitze in meiner Gruppentherapie und höre Menschen erzählen, wie unwürdig man mit ihnen umgeht. Sie berichten von Mobbing, Leistungsdruck, Abwertung und dem Gefühl, austauschbar zu sein. Es fällt ihnen schwer, in einer Gesellschaft mitzuhalten, in der es um Profit, Macht und Erfolg geht. Die Oberen verlieren die Unteren aus dem Blick. Sie wissen, wie es sich anfühlt, als ein Rädchen im Getriebe plötzlich nicht mehr zu passen. Wenn die Zargen haken oder gar unter Spannung zerbrechen. Sie fühlen sich wie Nummern in einem großen System, wie ein Datensatz im Computer, wie Menschen, deren Gefühle nicht zählen, die keinen Platz mehr haben. Sie erfahren wenig Menschlichkeit, erleben, dass zwar viel geredet wird, aber kaum noch jemand Zeit zum Zuhören hat.

Irgendwann erzähle auch ich meine Geschichte. Beim Berichten merke ich, wie mir die Tränen kommen, und ich fühle jene einstige Ohnmacht erneut. Ja, auch ich habe mich damals unwürdig gefühlt. Ich höre sie noch einmal, diese Sätze: *Wie blöd kann man denn sein, einem Menschen voll zu vertrauen; die Frau ist insolvent und nicht tragfähig für einen Beruf mit Verantwortung; so einer wie der kann man doch keine Wohnung vermieten; einmal Psychopath, immer Psychopath.* Meine Gefühle wurden verletzt, mein Ansehen nahm großen Schaden; in eine Schublade wurde ich gesteckt. Ich erzähle von Menschen, denen ich vertraut habe und die mir den Rücken zudrehen. Mehr noch, die hinter meinem Rücken schlecht und gemein über mich reden. Ich habe erlebt, wie es ist, ausgetauscht zu werden. Ich weiß, wie es sich anfühlt, die eigene Schwachheit und Krankheit zu akzeptieren und dafür von vielen verurteilt zu werden. Plötzlich gehörte ich nicht mehr dazu, war ausgeschlossen von Kreisen, in die ich nicht mehr passte. Der Zerbruch meines Lebens bekam einen Stempel!

Hier in der Gruppe reden wir, nehmen uns Zeit füreinander, trauern gemeinsam, lachen, weinen, zeigen Gefühle. Wir erleben einen geschützten Raum, Ohren, die zuhören, ein Herz, das berührt wird. Wir motivieren, ermutigen, trösten, nehmen Anteil am Schicksal anderer. Hier dürfen wir sein, wie wir sind, auch mit unseren Schwächen und Fehlern. Wir entdecken Gaben wieder neu und wünschen uns Aufgaben, die uns herausfordern und fördern. Aber wie wird es sein, wenn wir diesen Raum wieder verlassen, wenn uns der Alltag wieder einholt? Wenn die Verpflichtung für die anderen so groß wird, dass wir die Verantwortung für uns selbst nicht mehr wahrnehmen, der Körper streikt, der Geist nicht mehr funktioniert, die Seele verkümmert?

Ein Spaziergang im Kurpark lässt mich auftanken, nachdenken, nachspüren. Verantwortung für die anderen, wo bleibe ich, was tue ich für mich, wer gibt auf mich acht? Ich will leben und lieben, wertgeschätzt, geachtet, anerkannt und geliebt werden. Wir sehnen uns danach, ganzheitliche Menschen zu sein. Nicht nur eine programmierte nummerierte Menschenmaschine. Körper, Geist und Seele – eine wunderbare Schöpfung Gottes. Ein Geschöpf mit Gaben, Fähigkeiten, Gefühlen und einem liebenden Herz. Augen, die sehen können, Ohren, die zuhören, einen Mund zum Reden, Hände, die umarmen und zärtlich sind. Inzwischen habe ich wieder Verantwortung für mich übernommen. Ich habe mich angenommen und mich mit der Geschichte akzeptiert, die zu mir gehört. Ich weiß mich von Gott geliebt. Auch mit meinen Fehlern und Unzulänglichkeiten. Ich kann mir wieder Gutes tun, mich bewegen, entspannen, dankbar die vielen schönen Dinge in meinem Leben sehen, Grenzen setzen, alte Muster neu überdenken. Ich weiß es: Die Würde des Menschen – auch meine Würde – ist unantastbar.

Ich habe sie wiedergewonnen, diese Würde, Mensch und Frau zu sein. Niemand hat das Recht, sie mir zu nehmen. Ich bin o. k. und habe vor einiger Zeit den Weg zu mir selbst zurückgefunden und bin darüber hinaus dankbar, von Gott und von Menschen, die mir wichtig sind, geliebt und wertgeschätzt zu sein.

Bankgespräch

Die Erfahrungen und Erlebnisse der letzten Jahre sind nicht spurlos an mir vorbeigegangen und so empfiehlt meine Ärztin mir eine weitere Reha, die mir zeitnah auch genehmigt wird.

Obwohl es erst Mitte Februar ist, freue ich mich an der warmen Sonne, die schon hoch am blauen Himmel steht. Ich habe gerade mein erstes Eis gegessen und schlendere durch den Kurpark. Seit einigen Wochen bin ich hier im Taunus in der Reha-Klinik. Ich genieße meine langen und ausgiebigen Spaziergänge, die mir den Kopf frei machen. Zudem lausche ich den Vögeln, die anfangen, den Frühling herbeizusingen. Am Ende des Parks zwischen dem Kurhaus und dem Rathaus gibt es eine kleine Bilderausstellung, die ich mir gerne ansehen möchte. Vor der Galerie steht eine kleine weiße Bank, auf der eine junge Frau sitzt. Wir haben uns in der Klinik kennengelernt, und ich weiß, dass sie bald nach Hause fährt. Ich komme mit ihr ins Gespräch. Sie wirkt unendlich traurig und deprimiert. Sie ist schon sieben Wochen in der Reha. Aus ihrer Sicht ist überhaupt keine Besserung eingetreten. Für sie beginnt bald der Alltag wieder. Daheim warten auf sie ein fürsorglicher, liebevoller Mann und ein wunderbarer Sohn. Sie freuen sich schon sehr auf ihre Rückkehr. Alle haben gehofft, dass sie hier zu Kräften kommt, ihre Lebensfreude wiederfindet, neue Perspektiven entwickelt, zur Ruhe kommt und gesund wird. Jetzt ist sie unendlich enttäuscht über sich selbst. Sie sieht keinen Ausweg aus ihrer schweren Depression, sie ist müde vom vielen Kämpfen, und ein paar Tränen laufen über ihr Gesicht.

Es berührt mich, und es kommen Erinnerungen in mir hoch. Vor vielen Jahren stand ich genau an der gleichen Stelle. Ich war so mutlos, so müde, und ich war völlig verzweifelt, weil ich mein Leben damals nicht mehr in den Griff bekam. Ich erzähle ihr meine eigene Lebensgeschichte, offen, ehrlich und unverblümt. Von meinem Zusammenbruch, meinen Verlusten, den Ängsten, der Ausweglosigkeit und meinem Versuch, mir das Leben zu nehmen. Aber ich erzähle ihr auch davon, dass mir eine zweite Chance geschenkt wurde, dass Gott aus dem Zerbruch meines Lebens etwas Schönes und Neues gestaltet hat, dass ich durch Ärzte, Therapeuten und Seelsorger wieder neue Perspektiven entwickeln konnte. Mich wieder an vielen Dingen erfreuen kann, gelernt habe loszulassen und mich geöffnet habe, um Neuland zu betreten. Ja, dass ich heute wieder befreit und glücklich bin. Ich wünsche ihr, dass sie daran glaubt, dass es auch für sie ein »Licht am Ende des Tunnels« gibt. Mein jüngster Sohn hat mir damals in meiner schweren Lebenskrise ein Buch mit diesem Titel geschenkt und mir gewünscht, was auf dem Cover steht. Ich glaube, ihm ist gar nicht bewusst gewesen, wie viel Ermutigung er mir damit zugesprochen hat.

Die junge Frau wischt sich die Tränen von den Wangen, und ich meine, sie lächelt mich sogar ein wenig an. Ich verabschiede mich von ihr und nehme sie dabei in den Arm, um ihr das Gefühl zu geben, ein wertvoller Mensch und eine wunderbare Frau zu sein. Eine Weile schlendere ich noch durch den Kurpark. Meine Bank an meinem Lieblingsplatz im Kräutergarten ist frei geworden. Ich setze mich noch für einen Moment in die untergehende Sonne, es wird kühler. Ein kecker, frecher Spatz pickt ein paar Kekskrümel auf, die ein kleiner Junge ihm übrig gelassen hat. Ich entdecke ein paar zarte Krokusse, die sich den Weg durch den Rindenmulch suchen.

Das Leben ist schön.

Als mir die junge Frau wieder in den Sinn kommt, spreche ich ein Gebet und bitte Gott, sie zu ermutigen, zu trösten und ihr neue Lebensfreude zu schenken.

Ein paar Tage später habe ich sie schon fast vergessen. In den Wochen hier in der Reha-Klinik höre ich viele notvolle, dramatische und zu Herzen gehende Lebensschicksale. Aber dann erinnere ich mich an die Zeit meiner Ausbildung, an Willy, damals mein Dozent und Seelsorger: »Angelika, du bist nicht der Retter der Welt, der wurde schon vor 2000 Jahren geboren.« – Ja, er hat recht! Trotzdem höre ich meinen Mitpatienten zu, finde hier und da ein paar Mut machende und tröstende Worte. Ich empfinde eine tiefe Dankbarkeit darüber, was Gott mir persönlich in den letzten Jahren, auch durch Menschen, die den schweren Weg mit mir gegangen sind, an Ermutigung, Kraft, Freude und neuen Perspektiven geschenkt hat. Vielleicht kann ich ja ein wenig davon weitergeben.

Meine letzte Woche bricht an. Wieder einmal sitze ich auf meiner Lieblingsbank, als mich eine WhatsApp-Nachricht erreicht. Sie ist von der jungen Frau, der ich vor ein paar Wochen meine Lebensgeschichte erzählt habe. Ich lese die Zeilen und mich erfüllt eine große Freude. Ich kann nur darüber staunen, was sie schreibt.

Sie bedankt sich bei mir, dass ich ihr Trost und Hoffnung gegeben habe, als es ihr sehr schlecht ging. Damals sei sie total verzweifelt gewesen und kurz davor, sich etwas anzutun. Durch meine Offenheit und Ehrlichkeit, ihr von meiner schweren Lebenskrise zu erzählen, habe ich ihr geholfen durchzuhalten und zu kämpfen. Sie freue sich über das Vertrauen, das ich ihr entgegengebracht habe. Durch meine Fröhlichkeit und meinen Optimismus habe ich ihr Mut gemacht, es auch schaffen zu können. Ihr Durchhalten sei belohnt worden. Zudem sei sie gut auf ein Medikament eingestellt worden, und es ginge ihr von Tag zu Tag besser. Sie habe ein neues Leben geschenkt bekommen und möchte, dass ich das weiß.

Wow, das haut mich um! Dann schickt sie mir noch ein paar Fotos von sich und ihrem Mann. Beide strahlen in die Kamera und feiern das Leben! Ein wunderbares, fröhliches Paar. Ich bin echt berührt und freue mich total für die beiden. Dabei habe ich doch gar keine große Tat vollbracht, sondern nur von dem Wunder erzählt, das Gott in meinem Leben getan hat.

Ich bleibe unterwegs

Im Leben widerfahren uns manchmal Dinge, die wir uns nicht wünschen; wir werden mit Situationen und Ereignissen konfrontiert, die uns zu überfordern scheinen. Wir gehen auf Wegen, auf denen nicht nur Steine, sondern große Felsbrocken uns das Fortkommen fast unmöglich machen. Wenn ich mein Leben mit einer Bergwanderung vergleiche, empfinde ich rückblickend meine letzten Jahre wie einen Riesenberg, der vor mir stand und bei dem ich nicht wusste, wie ich ihn erklimmen sollte.

Irgendwann nahm ich all meinen Mut zusammen, packte meinen Rucksack, zog mir meine Bergstiefel und wetterfeste Kleidung an, steckte meinen Wegweiser ein (in meinem Fall die Bibel) und zog los. Ich wusste, dass Gott (mein Kompass) mich begleiten würde, und ich vertraute darauf, dass er auf mich aufpasst und mich sicher ans Ziel bringt. Ich wollte Altes hinter mir lassen und etwas Neues beginnen. Aber dafür musste ich auf die andere Seite des Berges gelangen. Es würde kein leichter Weg für mich werden. Ich war nicht wirklich vorbereitet, konnte mich nicht vorher im Bergwandern üben und fühlte mich geschwächt. Vielleicht war es auch das Ungewisse, worauf ich mich einließ. Aber ich erlebte, dass es unterwegs Berghütten gab, in denen ich mich ausruhen konnte, ich las Psalmen in der Bibel, die mir zu frischen Quellen wurden, durch die ich sprudelndes Wasser bekam, einen Stab, auf den ich mich stützen konnte, und wunderbare Blumen am Wegesrand, über die sich mein Herz freute. So manches Berggewitter machte mir Angst und ließ mich bangen, aber Gott schenkte mir Ruhe, Gelassenheit und Frieden. Bäche, die zwischendurch zu reißenden Flüssen wurden, konnte ich überwinden. Gott zeigte mir seichte Stellen, oder es gab dicke Steine, auf die ich treten konnte, und so half er mir, meine Füße wieder auf trockenen und festen Boden zu stellen.

Irgendwann erreichte ich müde, aber glücklich den Berggipfel. Von hier aus konnte ich überblicken, was vor mir lag, und mein Blick weitete sich und wurde klarer. Ich spürte: Vor mir liegt Neuland, und es wartet darauf, von mir betreten zu werden.

Immer wieder hörte ich unterwegs Gottes Stimme, die mir sagte: »Angelika, folge mir nach. Lass das Alte zurück, sieh dich nicht um, glaube an das, was vor dir liegt, ich werde dir Neues schenken.« Ich bin Gott so dankbar, dass er mir half, ihm zu folgen.

Mein Vertrauen wurde belohnt, und heute bin ich eine reich beschenkte Frau. Ich habe einen liebevollen, treuen Mann, Kontakt zu den Kindern und Enkelkindern, ein neues schönes Zuhause, Freunde, eine Familie, die wächst, und ich kann meine Gaben und Begabungen wieder einbringen. Ich brauche mir keine Sorgen um die Zukunft zu machen, weil Gott mich versorgt hat und auch weiterhin für mich sorgen wird. Welch eine Gnade! Ja, auch sie ist mir zuteilgeworden, ebenso Gottes Barmherzigkeit.

In vielem bin ich angekommen, habe Lösungen gefunden und Hilfe erlebt. Aber ich bin trotzdem noch nicht am Ziel, ich bleibe unterwegs. Zu üben, an Gottes Hand zu gehen und seiner Kraft zu vertrauen, fordert mich immer wieder heraus.

Mir begegnen so viele traurige, kranke, einsame und belastete Menschen, die noch nicht den Mut haben, sich auf den Weg zu machen. Wie schön wäre es für mich, ihnen beim Packen ihres Rucksacks zu helfen, ihnen meine Erfahrungen mit auf den Weg zu geben, sie zu ermutigen und sie darauf aufmerksam zu machen, wie wertvoll und lebenswichtig der Kompass und der Wegweiser sind.

Aber auch meinen eigenen Rucksack muss ich immer wieder neu überprüfen, um bereit zu sein, jederzeit aufbrechen zu können. Vielleicht sogar, um Menschen auf ihren Wegen zum Gipfel zu begleiten. Ich will offen sein, hinhören, und wenn Gott mich gebraucht, will ich im Vertrauen auf ihn gemeinsam mit den anderen unterwegs sein.

Plötzlich und unerwartet

Wie oft lese ich diese Worte, in Todesanzeigen oder als Mitteilung in der Tageszeitung. Solange ich nicht selbst davon betroffen bin, wiegt es nicht besonders schwer. Was aber, wenn ein Mensch, der mir nahesteht, plötzlich und unerwartet stirbt? Mit Pedro habe ich doch vor drei Tagen noch zusammengesessen. Er war für mich da, als es mir schlecht ging. Er hat mich aufgebaut, ermutigt und unterstützt. Mit ihm habe ich gelacht und Feste gefeiert und seine Arme haben mich so herzlich umarmen können. Er war ein Mann, der mit Gott unterwegs war und der mich so überzeugend »Schwester« genannt hat. Er hat für mich und mit mir gebetet, wenn ich mir keinen Rat mehr wusste und mich rastlos fühlte. Er hat mir einen Kaffee gekocht, wenn ich überraschend an seiner Haustür geklingelt habe. Ich habe ihn als liebevollen Ehemann, Vater und neuerdings auch Großvater kennengelernt. Für seine Familie, für seine Freunde und seine Gemeinde war er immer da. Und nun ist er plötzlich und unerwartet gestorben. Wie fühlt sich das an?

Ich bin betroffen und eine unendliche Traurigkeit umgibt mein Herz. So wirklich fassen kann ich es noch gar nicht. Mir wird bewusst, dass wir dem Tod manchmal näher sind, als wir vermuten. Wir haben unser Leben nicht in der Hand. Klar, wir können uns gesund ernähren, Sport treiben, Entspannungspausen einlegen oder dann und wann Urlaubszeiten einplanen. Aber all diese Dinge und Aktivitäten garantieren uns keine automatische Lebensverlängerung.

Ein bekannter Liederdichter schrieb vor einigen Jahren ein Lied, in dem es im Refrain heißt: »Meine Zeit steht in deinen Händen.« Fast zeitgleich bekam ich damals eine Diagnose, die schwer zu verkraften war. Ich erinnere mich noch heute an den Satz, den mir meine Ärztin sagte. Damals brach eine Welt für mich zusammen. »Aus medizinischer Sicht ist ein Eingriff nicht möglich. Sie können mit Ihrer Risikoerkrankung hundert Jahre alt werden, Sie können aber auch morgen daran sterben. Es liegt nicht in unserer Hand.« Wie betäubt verließ ich die Praxis. Sterben … ich bin doch noch so jung, wir haben zwei Kinder im Teenageralter, wir planen, ein Haus zu bauen, Reisen zu unternehmen. Ich will leben, nicht sterben!!!

Bevor ich nach Hause fuhr, bog ich vom Weg ab und fuhr zu einem nahe gelegenen Wald. Obwohl es in Strömen regnete und ich keinen Schirm dabeihatte, lief ich los. Tiefe Ohnmacht und Hilflosigkeit überfielen mich und die Angst schnürte mir die Kehle zu. Ich fing an, meiner Seele Luft zu machen, indem ich laut schrie. Ich haderte mit Gott, fing an, ihn wütend zu fragen, was das Ganze sollte. Ich heulte und beschleunigte meine Schritte, als würde ich um mein Leben laufen. Nach einer Weile übermannte mich eine große Müdigkeit und Traurigkeit. Inzwischen hatte es aufgehört zu regnen und die Sonne brach durch die Wolken. Als ich eine Bank entdeckte, ließ ich mich darauf nieder und weinte mir meinen ganzen Kummer von der Seele. Allmählich kehrte Ruhe in meine aufgewühlte Seele. Ich atmete tief durch und spürte die warmen Sonnenstrahlen auf meiner nassen Haut. Das gab mir plötzlich das Gefühl, dass Gott mich sanft berührte. Das Lied des Liederdichters kam mir in den Sinn: »Meine Zeit steht in deinen Händen.« Es war, als wollte Gott mir sagen: »Hab keine Angst, Angelika, dein Leben liegt in meiner Hand. Ich bestimme die Zeit, die du auf der Erde verbringst. Vertrau dich mir an, lass deine Ängste los. Ich bin bei dir im Leben und im Sterben und verlasse dich niemals.«

Da erfüllten Zuversicht und Hoffnung mein Herz und eine tiefe Geborgenheit umgab mich. Ja, wer kann mir denn mit Gewissheit sagen, wie alt ich werde? Schon morgen kann ich von einem Auto überfahren werden, oder mir kann sonst etwas passieren. Wer sagt denn, dass ich nicht ein langes Leben habe. Wenn Gott will, werde ich vielleicht Urgroßmutter. Ich kann doch trotz aller Prognosen darauf vertrauen, dass Gott meinen Weg kennt und ich gelassen an seiner Hand in die Zukunft gehen kann.

Das alles liegt jetzt lange zurück, und ich lebe immer noch. Heute vielleicht ein Stück bewusster und intensiver. Ich möchte jeden Tag dankbar aus Gottes Hand nehmen, auch wenn mir das nicht immer gelingt.

Momentan ist es schwer mitzuerleben, dass Gott manchmal Menschen in seine Ewigkeit holt, mit denen wir gerne noch eine Weile unterwegs gewesen wären und die wir schmerzlich vermissen werden. Um die wir trauern, weil wir nicht verstehen, warum sie so früh gehen müssen. Es sind Augenblicke, in denen wir auch über unsere eigene Sterblichkeit nachdenken. Wir erfahren, dass wir an unsere Grenzen kommen, auch im Begreifen, Loslassen und Zulassen. Wie gut, dass Gott an unserer Seite ist, dass er mit uns geht und uns seinen Frieden schenkt, der höher ist als alle menschliche Vernunft.

Frühlingsgefühle

Der Schnee taut, zarte grüne Knospen suchen ihren Weg. Ich genieße die Spaziergänge am frühen Morgen. Es ist der stille Beginn eines neuen Tages. Der Winter verabschiedet sich leise, aber entschieden. Die Sehnsucht nach Wärme, Licht und Natur weckt meine Sinne. Es ist, als ob auch in mir ein neues Leben zu pulsieren beginnt.

Zu hart war der Winter, der hinter mir liegt. Zeitweise fühlte ich mich wie eingefroren. Gelähmt von der Kälte, traurig, einsam und dunkel. Aber jetzt fühle ich, dass mein Innerstes erwärmt wird und ich mich nach dem Frühling sehne.

So wie eine kleine Gruppe von Krokussen, die sich der Sonne entgegenstrecken. Bunt, vielfältig wunderschön und anmutig anzusehen. Am Himmel kündet eine Formation Zugvögel den Frühling an. In mir wächst eine Freude und Fülle, die mich zum Staunen bringt. Obwohl ich diese bekannte Strecke schon oft gelaufen bin, ist sie mir doch seltsam fremd. Der weiche Moosboden unter meinen Füßen fühlt sich gut an. Habe ich ihn im letzten Jahr nicht auch schon betreten? Etwas hat sich verändert, vielleicht bin ich sensibler geworden. Die letzten Jahre haben Spuren hinterlassen und mich wachsen und reifen lassen. Begegnungen unterschiedlichster Art haben meinen Horizont erweitert. Der Weg durch die Zeit stellt meine Füße auf weiten Raum. Ich erwache aus der Erstarrung und bin bereit, Schritte zu wagen. Ich kann unbeantwortete Fragen stehen lassen und akzeptieren.

Der blaue Himmel, die Sonnenstrahlen, sie glitzern im Spiegelbild der Pfütze wie kleine Sterne. Die Wolken bilden am Horizont immer wieder neue Formen.

Meine Augen entdecken so viel Neues, Schönes und Wunderbares. Mein Blick ist klarer geworden. Gott gibt mir in vielem eine hilfreiche und positive Sicht.

Ein Vogel lässt sich auf einem Zweig nieder und sieht mich neugierig an. Er beginnt zu zwitschern, erst bedächtig und dann immer heller. Ich fange an, in sein Lied einzustimmen und summe mit. Plötzlich ist eine Melodie auf meinen Lippen, die wunderschön klingt. Dankbarkeit, tiefer Friede und Freude machen sich in mir breit.

Mein Leben ist so reich an Gaben, es ist ein Geschenk. Ich darf es neu entdecken und begreifen. Die Einsamkeit ist gewichen, die Lasten sind abgeladen, Trauer weicht der Freude, Entmutigung wird durch Zuversicht ersetzt, neue Anfänge sind gewagt.

Ich fühle wieder Schmetterlinge im Bauch, ich bin verliebt und werde geliebt. Habe verlorene Sehnsüchte neu entdeckt. Ich kann wieder träumen und Zukunftspläne erfüllen mein Herz. Farbe und Fülle kommen in mein Leben. Ich lache wieder mehr, staune über zurückgewonnenes Vertrauen, kann mit Freude und Schwung an meine Arbeit gehen und meine Aufgaben mutig anpacken.

Der Wind lässt ein leises Rauschen in den Bäumen entstehen. Ein Rascheln, zwei Eichhörnchen sind aus dem Winterschlaf erwacht. Ein Quietschen von Reifen hinter mir lässt mich kurz aufschrecken. Zwei Jungs auf ihrem Mountainbike preschen an mir vorbei. Sie rufen mir noch einen freundlichen Gruß zu, ihr Lachen steckt an. Ich wünsche ihnen noch viel Fun auf ihrer frühen Tour durch den Wald. In der Ferne höre ich einen Trecker sein Tagwerk beginnen.

Der Gipfel meines Waldspazierganges ist erreicht und ich schaue ins Tal. Es ist, als blickte ich zurück auf etwas, was mehr und mehr vergeht und mich nicht mehr bedroht.

Ich atme tief ein, ich fühle, dass etwas Wunderbares in mir zu wachsen beginnt.

Der Frühling hält Einzug und er bringt Wärme, Licht, Liebe und Hoffnung für mich.

Wie befreiend das ist!

Atempausen

Wann habe ich eigentlich zum letzten Mal das Quaken der Frösche wahrgenommen oder Kaulquappen im klaren Wasser blitzschnell umherschwimmen sehen? Heute sitze ich in der warmen Maisonne auf der Holzterrasse an einem Naturteich und beobachte, wie die Frösche mit leichten Sprüngen von Blattwerk zu Blattwerk hüpfen. Es sieht lustig aus, wie sie mit ihren langen Schenkeln graziös durchs Wasser schwimmen. Das Gequake erinnert mich an Kindertage, wo wir Frösche in einem großen Einweckglas gefangen und sie neugierig beobachtet haben. Ebenso die Kaulquappen, die sich in Vielzahl im Bach tummelten, als warteten sie nur darauf, von uns Kindern mit dem Käscher eingefangen zu werden.

Außer dem Quaken der Frösche hört man die Vögel in den Bäumen, die unterschiedlichste Melodien zwitschern. Ich sehe den Schwalben zu, die tief über das Wasser fliegen und geschickt mit ihren Schnäbeln nach den Wassermücken schnappen. Über die Rasenflächen hoppeln Hasen um die Wette.

Vor mir auf dem Holztisch steht ein Pott Kaffee und ein Stück Kuchen versüßt mir den Nachmittag. Mein Mann liest in einer Biografie und ich genieße die Atempause. Ab und zu lächelt er mich an und gibt mir zu verstehen, wie schön es ist, dass wir einander haben.

Es ist wohltuend, fernab von Lärm, Stress und Anforderungen die Seele baumeln zu lassen. In einer Ferienwohnung mitten auf dem Land. Keine Türklingel, kein Telefon, keine Besuche, keine Verpflichtungen, einfach mal abhängen und die Stille auskosten.

Ruhe … vielleicht nicht ganz! Gerade kommt eine Gruppe junger Leute am Garten vorbei. Mit einem Bollerwagen voller Getränke, Grillkohle und Würstchen. Den Bluetooth-Lautsprecher voll aufgedreht. Laut grölend ziehen sie weiter, vorher winken sie uns noch freundlich zu. Der 1. Mai bietet sich nun mal an, mit seinen Freunden und Kumpeln »echt einen draufzumachen«, wie man bei uns im Ruhrpott sagen würde.

Wieder tauchen Erinnerungen auf, diesmal an meine Jugend. Auch wir zogen damals über die Dörfer. Unser Ghettoblaster dröhnte … Suzi Quatro, Sweets, Rolling Stones, Led Zeppelin und Uriah Heep. Wir waren echt cool drauf, meinten wir zumindest! Abends war Grillen und Abhängen angesagt, und ein wenig angeheitert vom Alkohol, dessen Auswirkungen durch die Sonne noch gefördert wurde, hatten wir eine fröhliche, ausgelassene Stimmung.

Ich muss schmunzeln, wenn ich daran denke, wie wir Mädels uns aufgebrezelt haben. In der Hoffnung auf Komplimente von dem Jungen, den wir gern als festen Freund gehabt hätten. Wenn ich es mir recht überlege, war das damals ganz schön stressig, denn die Konkurrenz war groß.

Ich lehne mich zurück in meinem bequemen Liegestuhl und schließe für einen Moment die Augen. Hier in der Natur kann ich auftanken, meinen Frieden finden, und hier begegne ich meinem Schöpfer. Ich entdecke ihn in der Wiese, die übersät ist mit Löwenzahn, Wiesenschaumkraut und Gänseblümchen. Im Gesang und der Schönheit der verschiedenen Vögel. Am Himmel kreist ein Bussard und hält Ausschau nach Beute. In der Ferne fährt ein Bauer auf seinem Trecker über das Feld, das im Herbst seine Ernte hervorbringt, und düngt es. Es ist schon einzigartig, wie Gott sich das alles ausgedacht und erschaffen hat. Ich darf mich daran erfreuen und diesen Augenblick, diese Atempause aufnehmen und dankbar annehmen. Die Sonne verschwindet allmählich hinter den Bäumen. Lichterfarben durchfluten die Äste, die inzwischen ein sattes Grün angenommen haben. Auch das fasziniert mich immer wieder. Die verschiedenen Jahreszeiten, Frühling, Sommer, Herbst und Winter. Die Veränderungen, die sie hervorbringen. So wie auch das wahre Leben unterschiedliche Facetten in sich birgt.

Wieder kommen Erinnerungen in mir hoch.

Wie viel Schönes, Wunderbares und Erstaunliches durfte ich in meinem Leben schon erfahren, aber auch Leidvolles, Trauriges, Krankheiten und Unfassbares. In den zurückliegenden Jahren habe ich viel gelernt: loslassen, zulassen, wachsen und für

Veränderungen bereit sein. Heute bin ich angekommen, fühle mich angenommen, geliebt und akzeptiert.

Na ja, manchmal könnten es vielleicht weniger Falten in meinem Gesicht sein. Aber auch sie gehören zu mir. So wie auch die Grenzen, an die mein Körper allmählich kommt. Wie heißt es schon in der Bibel, alles hat seine Zeit. Ich möchte sie nutzen, diese Zeit und mir zwischendurch immer wieder Atempausen einräumen, die mir die wichtigen Dinge meines Lebens bewusst machen und für die ich lerne dankbar zu sein.

Alles hat seine Zeit

Da steht sie vor mir – eine ausgepackte Kiste voller Erinnerungen.

Ich denke an jenen Tag, an dem ich die Geschenke, die mir mein erster Mann im Laufe der vielen Ehejahre gemacht hat, wütend in die Mülltonne schmeißen wollte. Ich weiß nicht, was mich letztendlich davon abgehalten hat. Vielleicht die vielen Gespräche mit Freunden, der Familie und meiner Therapeutin, ganz sicher aber auch der Gedanke an zwei wunderbare Söhne, die uns geschenkt wurden.

Damals waren der Schmerz und die Enttäuschung über den Zerbruch unserer Ehe einfach zu groß. Ich wollte alles, was mich daran erinnerte, wegwerfen. Nichts sollte mich mehr an meine Ehe und an den Mann erinnern, den ich so geliebt habe.

Der Karton fand dann doch einen Platz auf dem Dachboden in meiner kleinen Wohnung, die ich nach der Trennung alleine bezog. Ich verstaute ihn in der letzten Ecke, wollte vergessen und allen Inhalt aus meinem Gedächtnis streichen. Aber: Es kam anders.

Schon in der Bibel gibt es den Vers: »Alles hat seine Zeit.« Somit kam auch nach einigen Jahren der Tag, an dem ich den Mut und irgendwie auch das Bedürfnis verspürte, die Kiste auszupacken, die bereits einen zweiten Umzug mitgemacht hatte. Heute weiß ich, ein heilender Prozess braucht seine Zeit. Man muss und darf ihm Raum geben. Für mich war er nun abgeschlossen. Es war ein Moment des Innehaltens und des Rückblicks. Nicht auf das Schwere und Verletzte in mir. Nein, es war das Schöne, das Dankbare und die Erinnerung an etwas, was meine erste Ehe einmal erfüllt und wertvoll gemacht hat.

Da war der Ring, den mein Mann mir damals zur Geburt unseres ersten Kindes geschenkt hatte. Wir durften das Wunder der Schöpfung auch in unserem zweiten Sohn staunend erleben. Das Heranwachsen der beiden, die gemeinsamen Familienfeste und Urlaube. Ja, es gab bei uns gute und auch schlechte Tage, Kümmernisse, Krankheit, Trauer und Verluste. Tage der Freude, des Jubelns und des Staunens. Jedes Teil, was ich aus der Kiste holte, erzählte seine eigene Geschichte. Fotos, Karten, Briefe, Muscheln, Steine, eine Halskette, eine Käthe-Kruse-Puppe, Noten und vieles mehr. Mein Herz wurde berührt. Ich spürte, dass es an der Zeit war, was mich verletzt hatte, zu verzeihen, ja zu vergeben. Ich empfand keinen Groll mehr, keine schlechten Gefühle, kein Nachtragen, wohl noch Trauer über Verlorenes. Aber auch Dankbarkeit über den neuen Anfang, den ich in zweiter Ehe machen durfte. Liebe und Vertrauen, zwei Worte, die neu an Bedeutung für mich gewonnen hatten. Freude über eine erweiterte Familie und die einzigartigen Enkelkinder. Zuversicht brach auf, dass wir neue Wege zueinander finden könnten.

»Alles hat seine Zeit.« Somit heilt die Zeit auch Wunden, schenkt uns Frieden auch über die Fragen nach dem Warum.

Inzwischen haben mein erster Mann und ich uns mehrmals zu zweit getroffen. Wir fingen an zu reden, erinnerten uns an die guten Zeiten, an das Geschenk, Eltern von zwei gesunden Kindern und Großeltern von zwei entzückenden Enkeltöchtern zu sein. Auch wenn wir heute unterschiedliche Wege gehen, so verbindet uns der gemeinsame Glaube an Jesus Christus. Wir haben, jeder für sich, ein zweites Leben, eine zweite Chance von Gott bekommen. Damit verbunden kam bei uns auch der Wunsch und die Sehnsucht auf, Altlasten und Schuld zusammen am Kreuz abzuladen, Vergebung und Versöhnung zu erfahren.

Diesen Schritt haben wir dann wirklich getan. Gemeinsam mit einem Pastor und Mentor haben wir im Gespräch und im Gebet durch Gottes Gnade Vergebung erfahren und sie uns auch gegenseitig zugesprochen. Wir haben uns zum Zeichen der Versöhnung die Hände gereicht und einen neuen Anfang gewagt. Befreit durften wir Gottes Segen spürbar erfahren. Welch ein großartiges Geschenk!

Damit werden wir nicht wieder die alte Familie, aber wir hoffen, dass Neues wachsen kann. Vielleicht wird mein Traum ja ir-

gendwann wahr und wir können alle miteinander an einem großen Tisch gemeinsam
unser zweites Leben feiern.

Ausblick

Das ist meine letzte Geschichte in diesem Buch. Als ich begann, meine Erlebnisse aufzuschreiben, ahnte ich noch nicht, welchen Ausgang mein »Sprung ins Ungewisse« nehmen würde.

»Alles hat seine Zeit.«

Ich wünsche Ihnen von Herzen, dass auch Sie das Eingreifen und Handeln Gottes in Ihrem Leben erfahren wie die vielen Menschen und ich selbst in meinen Geschichten. Haben Sie den Mut und das Vertrauen, »Ja« zu einem Leben mit Jesus zu sagen. Er wird Sie halten, tragen und Sie mit seiner Kraft, Zuversicht und seinem Frieden erfüllen.

Gott segne und bewahre Sie auf Ihren Wegen.

Ihre
Angelika Enners

Dank

Danke allen, die mich auf meinem Weg in den letzten Jahren begleitet haben.

Danke meinem Mann Jörg für seine Liebe und Geduld. Er hat mich dazu ermutigt, meine erlebten Geschichten aufzuschreiben, und ist Teil von ihnen.

Danke meiner Mutter und meinen Geschwistern Andrea, Anja, Jürgen und Joachim, die so treu an meiner Seite waren.

Danke Edda und Christian, Dorle und Wolfgang, Sabine (†) und Ralf, Esther, Stefan, Christiana, Pedro (†) und Anke, Ruth und Reinhard, Christine, Bettina und Thomas, Martin, Jan und Friedhelm. Sie waren für mich da, haben mich aufgefangen, wenn meine Kraft am Ende war, mich unterstützt, neue Perspektiven ermöglicht und mir manche traurigen Stunden erhellt.

Danke meinen Therapeuten und meiner Ärztin, die mir halfen zu verarbeiten, loszulassen und zuzulassen.

Danke den vielen Menschen, denen ich begegnen durfte, die mein Leben bereicherten und mir manchmal unbewusst zu Engeln wurden.

Schön, dass es Menschen wie Euch gibt!

Danke für alle Gebete, liebevollen Briefe und Karten, für manche Umarmung und Zuspruch.

Danke den wunderbaren Menschen, die meine Familie sind, die einen festen Platz in meinem Herzen haben und die ich liebhabe.

Mehr Biografisches bei FRANCKE

Debra Moerke u. Cindy Lambert
**Ein Mord, zwei Mütter
und die Macht der Liebe**
*Wie ein schockierender Anruf
meine Welt aus den Angeln hob*
ISBN 978-3-96362-133-8
364 Seiten, gebunden
auch als E-Book erhältlich

Als Debra und ihr Mann sich als Pflegeeltern bewerben, ahnen sie nicht, wie sehr dies ihr Leben auf den Kopf stellen wird. Doch dann wird ihre fünfjährige Pflegetochter Hannah ermordet – ausgerechnet von Karen, ihrer leiblichen Mutter!

Von Trauer und Entsetzen schier überwältigt, können die Moerkes keinen weiteren Schlag verkraften. Da ruft Karen aus dem Gefängnis an. Sie, nun zu lebenslanger Haft verurteilt und erneut schwanger, hat eine ungeheuerliche Bitte: Debra soll sie besuchen … und ihr Baby großziehen. Was sollen Debra und Al nur tun?

Eine schier unglaubliche wahre Geschichte – über eine ganz normale Familie, ihren Glauben und den mutigen Versuch, Gottes grenzenlose Liebe sogar dem Menschen widerzuspiegeln, der ihnen das Liebste geraubt hat.

Lynn Austin
**Ich entdecke Gott in den
kleinen Dingen**
ISBN 978-3-96362-160-4
249 Seiten, gebunden
auch als E-Book erhältlich

Jesus hat uns versprochen, immer bei uns zu sein. Aber in der Hektik unseres Alltags spüren wir seine Nähe oft nicht. Wir übersehen all die kleinen Botschaften, die er uns sendet,um uns daran zu erinnern, dass er an unserer Seite ist.

Lynn Austin möchte uns dazu einladen, in unserem ganz normalen Alltag ein Gespür für Gottes Gegenwart zu entwickeln. Zu Hause und bei der Arbeit und überall, wo wir sind, nach ihm Ausschau zu halten. Deshalb nimmt sie uns mit hinein in ihre eigenen Erlebnisse mit Gott. Sie erzählt von Begegnungen mit ihm, die sie sensibel dafür machten, die kleinen Zeichen seiner Liebe deutlicher zu erkennen. Und sich selbst so zu sehen, wie er uns sieht: als seine Kinder, die unendlich wertvoll und seiner Liebe würdig sind.

Manuela Reichart

Schon wieder Verspätung!

Reisebekanntschaften

DÖRLEMANN

Dieses Buch ist auch als
DÖRLEMANN eBook erschienen.

ISBN 978-3-03820-920-1

© 2015 Dörlemann Verlag AG, Zürich
Umschlaggestaltung: Mike Bierwolf
Satz: Dörlemann Satz, Lemförde
Druck und Bindung: CPI – Clausen & Bosse, Leck
ISBN 978-3-03820-020-8
www.doerlemann.com

Inhalt

Als sie in ihrer Kindheit mit ihrem Bruder und ihren Eltern die Ferien in dem kleinen Ort verbrachte, war Eve manchmal mit ihrer Mutter aufs Land gefahren. Sie hatten kein Auto – es herrschte Krieg, und sie waren mit der Eisenbahn hergekommen. Die Frau, die das Hotel leitete, war mit Eves Mutter befreundet, und so wurden sie oft eingeladen mitzukommen, wenn sie aufs Land fuhr, um Mais oder Himbeeren oder Tomaten zu kaufen. Manchmal hielten sie an, um Tee zu trinken und sich das alte Geschirr und die Möbelstücke anzuschauen, die eine geschäftstüchtige Farmersfrau in ihrer guten Stube feilbot, Eves Vater zog es vor, dazubleiben und mit anderen Männern am Strand Dame zu spielen. Es gab da ein großes Betongeviert mit aufgemaltem Damebrett, von einem Dach geschützt, aber ohne umgebende Wände, und dort schoben die Männer sogar im Regen überdimensionale

Damesteine mit langen Stangen gemächlich umher. Eves Bruder schaute ihnen zu und ging unbeaufsichtigt schwimmen — er war älter. Das alles war inzwischen verschwunden — sogar die Betonplatte war fort, oder etwas anderes war darauf errichtet worden. Das Hotel mit seinen Veranden, die sich über den Sand erstreckten, war verschwunden, auch der Bahnhof mit seinen Blumenrabatten, die den Namen des Ortes buchstabierten. Ebenso die Eisenbahngleise. Stattdessen gab es ein auf alt getrimmtes Einkaufszentrum mit dem erfreulichen neuen Supermarkt und dem Weinladen und Boutiquen mit Freizeitkleidung und nostalgischen Handwerkserzeugnissen.

Alice Munro, »Einzig der Schnitter«, aus:
Die Liebe einer Frau. Deutsch von Heidi Zerning

Vorspiel

Das hast du dir ausgedacht.

Nein, sie saß neben mir auf der Bank im Baden-Badener Kurgarten. Eine ältere Dame, teuer angezogen, süddeutscher Zungenschlag. Daneben eine weniger betuchte alte Frau, die hier Ferien machte.

Die andere lebte da? Woher willst du das wissen?

Sie hat erzählt, dass sie jeden Tag zum Mittagessen ins Brenners Parkhotel geht. Sei zwar nicht mehr gut, aber man kenne sie da. Heute säßen da auch so viele Russen ohne Tischmanieren, dass es einem grauste. Abends sei es noch schlimmer, deswegen gehe sie nur zum Mittagessen. Sie sei vor zehn Jahren hierhergezogen, obwohl auch da das Flair schon nicht mehr war wie früher.

Eine reiche Witwe?

Genau das, eine reiche Witwe, die Kinder kümmerten sich nicht um sie, sie habe ihre Schuldigkeit getan, alles bezahlt, das Studium der Enkel, teure Reisen, die Arztrechnungen der Schwiegertochter, und nun sei sie abgeschrieben. Keiner komme mehr vorbei, einmal in der Woche ein Anruf. Es sei eine Schande. Als ihr Mann noch lebte, hätten sich die Kinder das nie getraut. Und dann unterzog sie die Leute, die an uns vorbeiflanierten, einer harschen Kritik. Das hätte es früher nicht gegeben, so herumzulaufen, das sei eine Schande. Ob die alle keinen Spiegel zu Hause hätten. Und dann die Frauen mit den unerzogenen Kindern, die über den Rasen liefen. Das sei aber auch kein Wunder, heute wollten alle Karriere machen, sie habe ihre Kinder ordentlich erzogen. Sei für die Familie da gewesen.

Und die andere saß dabei und hörte zu? Sagte nicht, wieso kommen Ihre braven Kinder dann nicht zu Ihnen?

Sie war eine Nette, eine, die sagte, ja, so ist das Leben, oder: Seien wir froh, dass wir gesund sind, oder: Immerhin scheint die Sonne.

Die beiden saßen in der Sonne auf der Bank? Du erzählst mir keine alte Filmszene?

Die beiden saßen auf der Bank, ich daneben. Die eine war so grantig, so unzufrieden, dass sie auch das Brautpaar, das vom Fotografen unter den Baum gestellt und fotografiert wurde, nur kopfschüttelnd betrachtete: Zu ihrer Zeit sei man nicht mit langer Schleppe durch den Park gelaufen, man sei mit der Kutsche oder in der Limousine gefahren. Und dann kam eine alte Dame mit einem freundlich herumschnuppernden Hund vorbei. Der lief ohne Leine. Die kenne sie schon, die gehe immer ohne Leine mit dem Vieh, das sei aber verboten, und wieso jetzt nicht ein Polizist da sei und den Strafzettel ausstelle, das allein würde der eine Lehre sein. Vielleicht kommt es ihr aufs Geld nicht an, wandte die Nette ein. Aber nein, bekam sie zur Antwort, schauen Sie die Frau an, die verfügt über kein Einkommen, sieht man doch. Hoffentlich muss sie bald blechen, aber die Polizei ist nie da, wenn man sie braucht.

Hör auf. Ich glaube dir kein Wort, zu viele Klischees

auf einmal. Das hast du nicht erlebt. Du schmückst aus.
Übertreibst. Damit es deutlicher wird.

Gegenüber spielten drei kleine Mädchen, hübsch anzusehen, in weißen Kleidern, sie gehörten zur Hochzeitsgesellschaft. Das eine Kind zog seine Schuhe aus. Da sehen Sie, das ist es, was ich meine, die Mutter amüsiert sich, schaut nicht, die Kleine wird sich erkälten, das hat die Mutter dann davon, und die Großmutter muss einspringen. Keiner guckt, das Kind wird ins Wasser fallen. Danach ist das Geschrei immer groß. Mein Mann legte Wert darauf, dass die Kinder gehorchen. Ich habe mich angepasst. Das muss doch auch so sein, sonst kann eine Ehe nicht funktionieren. Deswegen gehen die heute alle auseinander. Als mein Mann starb, wusste ich, dass es nur noch schrecklich werden würde. Ohne Mann ist eine Frau einfach nichts. Da können Sie sagen, was Sie wollen.

Das glaubt dir wirklich kein Mensch.

Genau so war es: Auf der Parkbank in Baden-Baden. Ein Klageweib schlimmster Sorte. Gut angezogen und frisiert. Die Litanei einer Unzufriedenen. Dass die Kinder das nicht hören wollen, habe ich verstanden – und bin meiner Wege gegangen.

Und was soll ich mit der Geschichte anfangen?

Es gibt Menschen, die du nie triffst. Sie sind aber da. Keine große Einsicht. Es lohnt, hinzuhören. Mehr gibt es dazu nicht zu sagen.

1 Die alte Dame im Zug

Sie singt – immer wieder dieselbe Zeile: *Wach auf, du altes Murmeltier ... Theo, wir fahrn nach Lodz*. An Lesen ist nicht zu denken. »Manchmal überkommt es mich, dann muss ich singen«, sagt sie zu ihrer Begleiterin. Sie schaut mich an, wiederholt den Satz, singt die Zeile erneut, sagt den Satz noch einmal. »Das ist doch schön. Gegen Singen ist überhaupt nichts zu sagen.« »Ja, nicht wahr, früher ging ich in die Oper. Heute nicht mehr.« Der Zug hat Verspätung, fünfundvierzig Minuten. »Das macht nichts«, ruft sie fröhlich und singt wieder: *Theo, wir fahrn nach Lodz*. »Fahren Sie auch nach Berlin? Ich besuche dort meinen Sohn. Familienfeier. Sie verstehen.« »Ja. Weihnachten mit der Familie ist doch wunderbar.« »Ja ... *Theo, wir fahrn nach Lodz*.« Sie hat ein schönes altes Gesicht, gepflegte Hände. »Und Sie fahren auch nach Berlin? Ich besuche dort meinen Sohn. Mein anderer Sohn ist Arzt in Basel. Lange war er dort nur mit einem – wie sagt man gleich ... Jetzt ist mir das Wort entfallen. Er hat dort gearbeitet, aber es war nicht sicher. Eines Tages kommt er und sagt, Mutter, ich habe einen Vertrag. Er hat jetzt einen Vertrag. Also früher war er da ohne.« »Was für ein Arzt ist er denn, Ihr Sohn?« »Ja, er ist Arzt. Was macht er genau? Das ist mir jetzt augenblicklich entfallen, aber er bleibt jetzt für immer in Basel. Fahren Sie auch nach Berlin? *Theo, wir fahrn nach Lodz.*« Sie hat ein einnehmendes Lächeln. Sie wiederholt und wiederholt sich. Sie sucht das Gespräch, auch wenn sie es nicht mehr beherrscht. Sie hat immer noch Charme. Sie singt: *Wach auf, du altes Murmeltier ... Theo, wir fahrn nach Lodz.* Sie kramt ihre Erinnerungen zusammen, die Sätze, die sie oft schon erzählt hat. Ihr Mann war Arzt, sie hat ein Lehrerinnenseminar besucht, »aber dann habe ich geheiratet und Kinder bekommen, meinem Mann ab und zu in der Praxis geholfen. Heute arbeiten die Frauen alle. Das finde ich nicht richtig. Wer sorgt sich um die Kinder? Haben Sie Kinder? Ich hatte Kinder.« Seltsam, dieses »hatte«. »Wie viele Kinder haben Sie?« »Wie viele Kinder habe ich? Das ist mir augenblicklich entfallen. Wie viele waren es noch?« Ihre Begleiterin hilft ihr: »Fünf. Sie haben fünf Kinder. Drei Söhne, zwei Töchter.« »Ja, das stimmt. Fünf waren es wohl. Ich reise zu meinem Sohn nach Berlin. Familienfeier. Ich weiß nicht genau, was ich da soll. Ich stamme eigentlich aus Essen. Da hatte ich Familie. Meine Mutter war aus dem Ruhrpott, aber dann hat sie sich in einen Mann aus Freiburg verliebt, also ging sie nach Freiburg. Dort bin ich aufgewachsen, aber meine Ferien habe ich immer in Essen verbracht. Eigentlich stamme ich also aus Essen.« Sie freut sich, strahlt beim Gedanken an die Stadt ihrer Kindheit. »Sie hören es an meiner Sprache, nicht wahr. In Essen hält die ganze Familie zusammen. Meine Mutter war katholisch, mein Vater protestantisch. Ich mochte Essen immer mehr. Und was tue ich, dummes Mädchen, verliebe mich in einen Freiburger Medizinstudenten. Da war's besiegelt. Freiburg ist mein Schicksal. Die Praxis, das Haus, die Kinder ... Fünf, sagen Sie, hatte ich? Da blieb nicht mehr so viel Zeit für Besuche in Essen, aber einmal im Jahr bin ich hin. Das hatte ich mir ausbedungen. Bei der Heirat. Aber wie das so ist, die ersten Jahre bin ich auch jedes Mal hin, dann hatte ich so viel um die Ohren, und mein Mann sagte, komm, lass es dieses Mal ausfallen, nächstes Jahr fährst du dafür länger. Und im nächsten Jahr war ich schwanger, und es ging nicht, dann war das Kindermädchen krank, na ja, und dann hatten wir ein Ferienhaus in der Schweiz. *Wach auf, du altes Murmeltier ... Theo, wir fahrn nach Lodz.* Wo war das gleich noch mal? Unser Haus. Das schöne Haus. Es ist mir augenblicklich entfallen. Es war in der Schweiz. Ich habe die Schweizer immer bewundert. Wegen ihrer Verfassung. Der direkten Demokratie. Kluge Leute. Wir sind auch nicht dumm, aber die Schweizer sind klüger. Wir hatten diese Katastrophe. Sie wissen schon. Das war dumm von uns. Die Katastrophe. In der Schweiz wär das nicht passiert. So eine Dummheit. Wie konnten wir nur. Ein schrecklicher Fehler. Die Schweiz habe ich immer gemocht. Ein schönes Land und eine gute Verfassung. Heute reise ich nicht mehr. Ein wirklich schönes Haus. Das war es. Jetzt fahre ich nach Berlin. Sie auch?« »Mein Sohn. Hören Sie: Mein Sohn wartet auf uns. Das ist doch eine schöne Eigenschaft. Sein Vater war ungeduldig. Aber in Essen, damals, als ich ein junges Mädchen war, da hatten alle immer Zeit für mich. Ich bin eigentlich aus Essen, müssen Sie wissen. *Wach auf, du altes Murmeltier ...*«

2 Im Taxi

Bitte sehr. Guten Tag. Hatten Sie eine gute Reise? Woher kommen Sie? Wohin darf ich Sie bringen, meine Dame? Kaltes Wetter in diesem Jahr hier bei uns. Tut mir leid. Eigentlich sollte die Sonne scheinen, aber dummerweise kann ich da gar nichts machen. Das können wir noch nicht, das Wetter beeinflussen. Kommt auch irgendwann. Mein Sohn ist jetzt zehn. Er wird es vielleicht erleben. Bestimmt. Im Herbst kommt er aufs Gymnasium. Er soll unbedingt aufs Gymnasium. Ich mache mir da auch keine Sorgen. Er ist der Zweitbeste seiner Klasse. Kunst ist nicht so seine Sache. Aber sonst. Ein fleißiger Junge. Bin sehr stolz auf ihn. Ich stelle mir meine Großmutter vor, aufgewachsen in einem kleinen Dorf, hundert Kilometer nördlich von Stettin. Als mein Vater ihr einen

Fernseher brachte, hat sie ihn eingeschlossen, damit die Bilder nicht aus dem Kasten in ihre Seele springen. Hat sie damals gesagt. Musste dann am Abend immer wieder rausgeholt werden, sie hat gerne geschaut, das ganze Programm, aber vorm Schlafengehen musste er weg. Wenn sie noch leben würde und meinen Sohn sehen könnte, wie er im Internet herumsaust. Teufelszeug, würde sie sagen. Ganz bestimmt. Wir werden das Wetter beeinflussen. Auch ganz bestimmt. Der Mensch bringt es immer weiter. Wenn mein Alexander erwachsen ist, machen wir vielleicht schon Ferien im All. Und wir machen Regen. Und Sonne natürlich. Für Sie würde ich jetzt die Sonne scheinen lassen. Es wäre mir ein besonderes Vergnügen. Und bei mir wär es im Preis inbegriffen. Taxifahren ist teuer geworden. Ich weiß das. Immer mehr Leute nehmen den Bus. Oder melden sich bei Carsharing an. Gute Idee. Oder Uber. Schlechte Idee. Wir sparen das Geld für die Ausbildung unseres Sohnes. Die Zeit vergeht so schnell. Grundschule ist zu Ende. Gymnasium, dann studieren. Wir sprechen zu Hause fast nur Deutsch. Meine

Frau ist auch Polin, aber wir wollten, dass unser Kind perfekt ist. Seine Muttersprache ist Deutsch. Natürlich versteht er auch Polnisch, aber das ist nicht so wichtig. Meine Großmutter ist tot, meine Eltern leben hier, wozu also Polnisch? Ich meine, Englisch muss er können, Chinesisch wäre gut, hat mir neulich ein Fahrgast gesagt, in China liegen die Märkte der Zukunft. Vielleicht lernt er eines Tages Chinesisch. Oder ich lerne Chinesisch. Kommen ja auch immer mehr Touristen von dort hierher. Die brauchen Taxifahrer, die sie verstehen.

3 Im Supermarkt

Wer kauft diesen ganzen Unsinn eigentlich? Diese ekelhaft abgepackte Wurst, diesen Kunstkäse. Wer ernährt sich denn so? Wie blöd sind die Verbrau‐ cher? Mich zwingt das Portemonnaie hierher. Hätte ich genug Geld, würde ich dieses Etablisse‐ ment meiden. Das Einkaufsparadies könnte ohne mich Glück verbreiten. Niedrige Instinkte be‐ friedigen, Sonderangebote feilbieten. Die Riesen‐ packungen überflüssiger Dinge blieben in den Regalen. Meine Zahnpasta kaufte ich in einem übersichtlichen Laden. Früher gab es die noch. Die rochen so gut. Heute sieht alles nach Ramsch aus. Daran ändert auch das künstliche Geruchs‐ aroma nichts. Falle ich nicht drauf rein. Eigentlich bin ich Schriftsteller, aber niemand will meine Bücher mehr verlegen. Früher war ich Dolmet‐

scher. Zu DDR-Zeiten. Mein Sohn lebt in Darm-
stadt, seine Mutter ist Deutsche, aber leider war sie
nicht die Richtige, und ich war auch nicht der
Richtige. Er ist sechsundzwanzig. Ich habe lange
in Amerika gelebt. Die Hölle des Konsums und
des Konsumenten. Die Hölle, die sich als Paradies
tarnt. Dagegen ist das hier nichts. Gigantische Gi-
gantomanie. Falls es das Wort gibt. Ich lege sie auf
die Goldwaage, gerne, die Worte. Und Deutsch
habe ich mal mit Sprichwörtern gelernt. Was du
nicht willst, das man dir tu, das füg auch keinem
andern zu. Was du heute kannst besorgen, das
verschiebe nicht auf morgen. Mehr muss man an
Gesetz eigentlich nicht haben. In Florida habe
ich gelebt. Jetzt habe ich die Wohnung vermietet.
Zum Glück habe ich Leute, die pünktlich zahlen. Ist ja nicht mehr so sicher. Viele mussten sich
verkleinern, viele können die *rent* nicht bezahlen.
Wäre für mich schwierig. Ich bin zurück nach
Deutschland wegen des Sohnes und wegen der
Amerikaner. Ich konnte sie nicht mehr ertragen.
Und keine richtige Krankenversicherung. Das
geht in meinem Alter nicht mehr. Ich hatte eine

wunderbare Idee fürs Touristengeschäft. Ich bin ja Tunesier. Eigentlich. Spreche Deutsch, Französisch, Englisch, Arabisch. Und dann habe ich hier die Fortbildung zum Touristikmanager gemacht. Zwei Jahre, mit einem Praktikum in Bad Wörishofen. War sehr interessant. Kenne das Hotelbusiness von Grund auf, habe es von der Pike auf gelernt. Hatte auch schon einen Partner in Tunis, aber dann kam die Krise. Kein Geld mehr, kein Investitionsrisiko mehr da bei den Leuten. Aus und vorbei. Morgen gehe ich zur Internationalen Tourismus-Börse. Werde meine Visitenkarten verteilen. Man soll nicht aufgeben. Ich habe viele gute Ideen, brauche nur das nötige Kapital. Das würde wunderbar laufen. Mein Deutsch, meine Erfahrungen, meine Ideen. Nach Amerika kriegen mich jedenfalls keine zehn Pferde mehr, obwohl meine Bücher dort noch lieferbar sind, schauen Sie im Netz nach. Amerikaner sind beschränkt. Mein Kollege hat gesagt: »Wenn ein Amerikaner anruft, behandle ihn wie einen zehnjährigen Tunesier. Dann kommst du gut mit ihm zurecht.« Ich habe im Callcenter gearbeitet, Amerikaner beraten, die Mühe hatten mit ihrem Staubsauger. Mein Amerikanisch ist fast perfekt. Statt Tunesier können Sie auch Inder einsetzen oder Schweden. Inder und Schweden und Deutsche sind intelligent wie Tunesier, aber Amerikaner. Denken Sie an George Bush junior und senior, die amerikanische IRAKPolitik, Vietnam, Kennedy und die Frauen, Madoff und die USGier, Rassismus und Israel. Furchtbar, diese Amerikaner. Wäre ich amerikanischer Präsident, sähe die Welt anders aus. Aber einen Tunesier würden Sie nie wählen. Gut, es gibt Obama. Kommen Sie mir nicht mit Schwarzenegger. Ein Bodybuilder und ein FastSchwarzer. Aber niemals ein Tunesier.

4 Im Park

Können Sie bitte für einen Moment, einen ganz kurzen Augenblick nur, mein Baby halten? Nicht lange, wirklich nur einen Moment. Ich muss nur mal durchatmen. Er schläft ja auch grade. Ist vor einer Minute eingeschlafen, endlich. Seit heute Morgen um sechs trage ich ihn herum. Ich weiß nicht, was er hat. Er brüllt und brüllt. Dabei ist er erst um drei eingeschlafen. Das kann doch kein Mensch aushalten. Um sieben habe ich mich für zehn Minuten in die Dusche gestellt. Hab ihn schreien lassen. Ich dachte, ich werfe ihn sonst aus dem Fenster. Niemand hat mir vorher gesagt, dass ich nicht mehr würde schlafen können. Ich brauche wirklich nicht viel Schlaf, aber wenn mich jemand aus dem Tiefschlaf reißt, dann ist das Folter. Ich liebe mein Baby, aber das kann ich nicht aus halten. Sein Vater kommt nur am Wochenende. Er hat einen Job fünfhundert Kilometer von hier. Und wenn er kommt, muss er schlafen. Er verdient das Geld, muss sich ausruhen, sagt er. Vorher hatte ich auch einen Job. Vorher und nachher: wie sich das anhört. Aber so ist das. Vorher habe ich mir vorgestellt, ich könnte wenigstens freiberuflich weiter übersetzen, aber das geht nicht ohne Schlaf. Ich weiß nicht, wie lange ich das noch aushalte. Wenn er gnädig ist, ist er wunderbar, mein Sohn, jetzt zum Beispiel, wenn ich ihn auf Ihrem Arm sehe, schlafend, mit diesem Lächeln. Süß sieht er aus. Und irgendwie gefährlich. Er ist ein Sieger. Er ist immer der Sieger. Wenn ich ihn gleich nehme und mich einen Augenblick auf die Bank setze, dann brüllt er wieder. Er wacht sofort auf, wenn ich mich hinsetze oder hinlege, ich muss mit ihm rumlaufen, dann ist alles in Ordnung. Er will mich auf Trab halten. Er will, dass ich nichts anderes tue, als ihn zu bewegen. Ich würde es meinem Mann nicht übelnehmen, wenn er sich nach einer anderen umsähe. Schauen Sie mich an. Ich bin besabbert und beschäftigt. Von morgens bis abends. Ich nehme ihm aber übel, dass er sich nicht auch mal besabbern und beschäftigen lässt. Dass unser Sohn brüllt, wenn sein Vater ihn herumträgt und nicht seine Mutter, das halte ich für den entscheidenden Teil eines männlichen Komplotts. Meine Schwiegermutter sagt, das geht vorbei, ihr Sohn war genauso. Ich spiele dieses Brüllaffenspiel jetzt schon seit fünf Monaten. Seit fünf Monaten habe ich keine Nacht durchgeschlafen, ich habe drei Bücher nicht zu Ende gelesen und ich hatte vier Mal durch Babyschreien abgebrochenen Sex. Ich lebe auf einem Kampfplatz. Ich bin die Verliererin. Das Baby gewinnt immer. Manchmal könnte ich ihn erwürgen. Frauen, die ihre Schreibabys umbringen, sollten mildernde Umstände bekommen. Warum schläft er, wenn Sie mit ihm auf einer Bank sitzen, und warum wird er wach, wenn ich mich mit ihm hinsetze? Das kann doch nur der Teil eines Mutter-Zermürbungsprogramms sein, das genetisch eingepflanzt ist. Vom Vater auf den Sohn übertragen. Es gibt dafür keine vernünftige Erklärung. In der Literatur – es gibt zu diesem Babyschreithema eine unvorstellbare Menge an Büchern, Ratgebern, die ich alle angefangen habe zu lesen – bekomme ich nirgendwo eine Antwort auf die Frage, warum Säuglinge das tun. Ratschläge, was zu tun ist, die findet man. Helfen aber alle nicht. Spieluhr, regelmäßige Mahlzeiten, verdunkelte oder aufgedrehte Lampe, auf den Bauch legen, auf den Rücken, auf die Seite, mit ins Bett nehmen oder auf gar keinen Fall ins Elternbett, warmer Tee oder warme Tücher, kalte Luft oder niemals geöffnetes Fenster. Ich habe alles probiert. Bei meiner Freundin half die Autonummer. Sie hat auch einen Sohn. Baby nachts ins Auto und stundenlang durch die Gegend fahren. Funktioniert bei uns nicht. Wie gesagt, ich muss ihn herumtragen und mich bewegen, dann ist alles gut, nicht immer, aber meistens. Und wenn ich es schaffe, ihn ganz schnell abzugeben, wenn er gerade eingeschlafen ist – so wie jetzt –, dann schläft er auch für eine Weile. Gerade sieht er so süß aus. Ich nehme ihn wieder und drehe mal noch ein paar Runden.

5 Am Kartenschalter

Schon wieder Verspätung. Das ist in diesem Mo‚ nat das dritte Mal für mich. Ich steige vielleicht doch wieder aufs Auto um. Gibt's Stau. Ich weiß das. Wo müssen Sie denn hin? Bamberg liegt leider nicht auf meiner Route. Sonst hätte ich Sie mitgenommen. Ich meine, wenn ich mit dem Wagen unterwegs wäre. Würden Sie mit‚ kommen? Ich meine, mitgekommen sein? Man weiß ja nie, was sich aus solchen Begegnungen entwickelt. Meine erste Frau habe ich beim Trampen kennengelernt, da hatte ich kein Auto, aber zu zweit war es leichter, hat auch besser ge‚ klappt, für ein hübsches Mädchen hält jeder an. Ging wirklich einfacher. Irgendwie dachten wir wohl, dieses Anhalter‚Duo‚Prinzip könnte fürs ganze Leben funktionieren. War ein Irrtum.

Schwamm drüber. Wir hatten es eine Weile richtig gut. Nur das Ende war nicht gerade gelungen. An der falschen Stelle aus dem Auto geschleudert, wenn ich mal im Bild bleiben soll. Da stand ich ziemlich lange ziemlich dumm rum, bis ich endlich weiterkam. Gefällt Ihnen meine Krawatte? Ziemlich bunt. Ich weiß, aber wir Männer haben ja nicht viele Möglichkeiten, auf uns aufmerksam zu machen. Ich meine, mit der Kleidung. Frauen haben es da leichter. Farben, Formen, langer Rock, kurzer Rock ... Wir sind die Modetrottel. Meine zweite Frau habe ich übrigens so kennengelernt. Nein, nicht beim Krawattenkaufen, sondern bei einem Volkshochschulseminar über die Geschichte der Mode. Nein, ich habe beruflich nichts damit zu tun, hat mich einfach interessiert. Außerdem ist ein Volkshochschulkurs mit so einem Thema neben der Tanzschule der beste Ort, wenn man eine Frau sucht. Definitiv. Sie war gelernte Schneiderin. Hat mir später immer die Krawatten ausgesucht. Ist aber auch schon wieder Schnee von gestern. Sind Sie sicher, dass Sie nicht einen Umweg machen wollen? Das wäre doch ein perfekter Anfang: Kennengelernt haben wir uns am Service Point der Deutschen Bahn.

6 Im Speisewagen

Ich weiß, dass ich kein Schlanker bin, aber da antwortet die Dame in meinem Abteil, als ich ihr an-
biete, mich in den Speisewagen zu begleiten: Sie
müssen aufpassen, dass Sie nicht noch fetter werden. Fett, bin ich fett? Beleibt: ja. Dick: meinetwe-
gen. Aber fett? Ich will gar nicht schlank sein. Ein
Mann in meinem Alter und dünn? Lächerlich.
Die Dame im Abteil sieht aus wie eine in die Jahre
gekommene Bohnenstange, aber käme ich auf die
Idee, sie dafür zu tadeln. Wo sind wir hingekom-
men, dass man fremder Leute Gewicht kommen-
tiert. Diese Sport- und Gesundheitsmanie geht
mir auf die Nerven. Die Freundin meiner Frau
hat in zwei Monaten zehn Kilo abgenommen. Na
und? Was ist das für ein Sieg? Sie sieht nicht besser
aus als vorher. Ich rede gar nicht davon, ob sie in

zwei Monaten nicht wieder drauf sind, die zehn Kilos, hängt von der Lust an der Kasteiung ab. Immer abzählen, was man isst und trinkt. Das ist nichts für mich. Für meine Frau zum Glück auch nicht. Nach fünf darf die Freundin nichts mehr essen. Was für ein Leben. Nach fünf fängt das Leben erst an. Keinen Rotwein am Abend? Man kann sich mit der Frau nicht mehr verabreden. Was soll sie denn machen, wenn wir essen? Körner zählen? Wer hat nur in die Welt gesetzt, dass dünne Frauen sexy sind. Absurd. Sollen sie doch alle froh sein, dass sie gut essen können und trinken. Gut, man soll nicht übertreiben. Aber ab vierzig darf man da und dort durchaus ein bisschen was zum Zusetzen haben. Die dünnen Kinomäuse von heute reichen wirklich nicht an die alten Stars ran. War die Monroe ein Gerippe? Rita Hayworth: eine Frau mit Figur. Keine Hungerärmchen wie die Frau von Beckham. Oder die dünne Schwarzhaarige, die den Tanz-Schwan gespielt hat. Mit der will man doch nicht zu Abend essen.

7 In der Sauna

Jetzt habe ich die Tür zu weit aufgerissen, um diese Zeit ist hier sonst nie jemand. Seit das Schwimmbad geschlossen wurde, kommt keiner mehr her. Und die Hotelgäste sind entweder früh oder spät dran. Hier steigt ja auch niemand mehr wegen der Wellness-Abteilung ab. Früher war das anders. Da war das Haus im Privatbesitz. Sehr gepflegt und sehr individuell. Jedes Zimmer war unterschiedlich eingerichtet. Schwimmbad und Sauna, Massageabteilung: alles konnte sich mit den besten Häusern messen. Was sage ich, es war eines der besten Häuser im Landkreis. Wer hier nicht alles war, die Prominenz gab sich die Klinke in die Hand. Kamen auch viele wegen ihrer Fern-sehauftritte. Konnten sich hier erholen. Man traf wirklich gute Leute in der Bar. Und in der Sauna.

Ich komme seit fünfzehn Jahren einmal in der Woche. Vor der Scheidung am Abend mit meinem Mann, danach bin ich auf mittags umgestiegen, ich kann mir meine Arbeit einteilen. Früher haben wir einmal im Jahr hier übernachtet, das war so ein Ritual am Hochzeitstag. Hatte sich mein Mann ausgedacht. Mir gefiel das. Blumen kann jeder mitbringen, aber eine Nacht im Hotel mit allem Drum und Dran. Ich fand auch schön, dass wir nicht weit fahren mussten, sondern hier in der Stadt blieben. Das machte die Sache für mich noch reizvoller. Irgendwie prickelnder. Es war jedes Mal wie ein neuer Anfang. Nie hatten wir besseren Sex als hier im Hotel. Getrennt haben wir uns trotzdem. Es war der neunte Hochzeitstag, als ich die Sache plötzlich irgendwie fade fand. Und beim zehnten war es nur noch anstrengend. Wir spielten ein Begehren, das wir gar nicht mehr hatten. Ich weiß, dass das in jeder Ehe passiert, dass der ewige Honeymoon ein kindischer Traum ist. Darum ging es nicht. Es war in Ordnung, dass wir das ganze Jahr über nicht andauernd miteinander schliefen, dass mir nicht mehr das Herz stehen blieb, wenn ich ihn sah, und er einschlief, obwohl ich Lust hatte, geschenkt. So ist das Eheleben. Aber der Hochzeitstag, dieser eine Tag im Jahr, den er so besonders gemacht und mich damit glücklich, wirklich, glücklich gemacht hatte, der musste eine Ausnahme bleiben, ein Höhepunkt sein. Und das war er nicht mehr. Kinder haben wir keine. Warum also zusammenbleiben? Mein Mann hat nicht verstanden, warum ich ihn verlassen habe. Bis heute nicht. Er führte die Liebe ins Feld, wenn ich von Langeweile sprach. Meine Freundinnen fanden es auch absurd. So einen liebevollen Mann verlässt man nicht. Ich weiß aber, dass es richtig war. Mir geht's gut. Einmal in der Woche komme ich ins Hotel und gehe allein in die Sauna.

8 Auf dem Spielplatz

Ich habe das Taschentuch immer parat, aber ich habe nur zwei Hände, und die sind mit den beiden jungen Damen hier beschäftigt. Die Kleine ist sieben Monate, die Große zwei Jahre. Ich bin sehr verliebt in meine Töchter. Und glücklich, dass wir sie haben. Wir sind späte Eltern. Ich werde nächsten Monat einundfünfzig. Sieht man mir an. Ich weiß es. Der Lack ist ab. Wenn ich in den Spiegel blicke, bin ich immer wieder erschrocken. Und wenn ich mir Fotos anschaue: Noch vor vier Jahren guckt mich da ein ziemlich junger Bursche an, nicht dieser blasse Typ mit den tiefen Falten. Ist der Preis, den man zahlen muss. Natürlich hätte ich das mit dreißig besser weggesteckt, seit zwei Jahren habe ich keine einzige Nacht mehr durchgeschlafen. Ab vier ist die Kleine jede

Stunde wach, die Große kriegt man nicht vor elf ins Bett. Dann sitze ich am Computer, von irgendwas muss man leben. Zum Glück kann ich als Webdesigner zu Hause arbeiten. Um halb zehn bringe ich die Große in den Kindergarten, meine Frau die Kleine zu ihrer Mutter. Sie arbeitet halbtags, wir teilen uns alles, klar, und die Großeltern um die Ecke sind ein wahrer Segen. Ich weiß nicht, wie das ohne sie ginge. Trotzdem ist das Leben im Augenblick eine einzige Organisationsleistung. Ich sitze hier, weil ich auf den Anruf meiner Frau warte, die mir sagen wird, wohin ich kommen soll, damit sie die Kinder übernimmt. Ich muss zu einem Kunden. Geht nicht alles übers Netz. Ich sage mir, ist nur eine kurze Zeit, die letzten zwei Jahre sind so rasend schnell vergangen. Andrerseits weiß ich natürlich, dass ich gar nicht mehr so viel Zeit habe. Ist mit dreißig auch anders. Da wäre ich auch nicht so lange krank gewesen. Ich bin immer der Letzte in unserer Viererrunde, den es erwischt, dafür habe ich es dann so lange, bis die Große den nächsten Infekt aus dem Kindergarten nach Hause bringt. Daher kommt meine ungesunde Gesichtsfarbe. Aber die Sonne scheint. Und ich bin Vater, hatte ich nicht mehr mit gerechnet, das kann ich Ihnen versichern. Meine Frau ist sechsundvierzig. Alles auf den letzten Drücker. Wir haben ein Familienbett. Meistens schlafe ich aber auf dem Sofa. Manchmal treffen wir uns für einen ruhigen Augenblick in der Küche und erinnern uns daran, dass wir vor fünf Jahren als Paar angefangen haben.

9 Im Café

Darf ich mich dazusetzen? Ich kann gerade nicht allein sein. Sie sind fremd hier. Nicht, dass ich alle Leute in unserer kleinen Stadt kenne, aber die meisten sind mir zumindest vom Sehen vertraut. Nein, bitte keinen Namen. Sonst müsste ich Ihnen sagen, wie ich heiße, dann gibt ein Wort das andere, Sie erinnern sich, erzählen Ihrer Freundin von mir, die kennt jemanden, der mich kennt. Und am nächsten Tag ist es rum. Nicht, dass es jetzt noch viel ausmachte, aber es muss ja nicht sein. Ich war drei Jahre die Diskretion in Person. Warum soll ich das jetzt ändern. Das nützt niemandem. Oder? Sie wissen wahrscheinlich schon, worum es geht. Ist nicht schwer zu erraten. Die alte Geschichte. Ich liebe einen verheirateten Mann, er liebt mich auch, aber noch mehr seine

Frau oder vielleicht auch noch mehr das Haus, oder ich rede mir das nur ein und die Wahrheit ist, dass er mich einfach weniger liebt. Es hat irgendwann und zufällig begonnen. Und jetzt geht es eben zu Ende. Ich wollte auch nicht, dass er seine Familie verlässt – zwei Kinder, einen Hund und eine Katze und einen beheizten Swimmingpool. Kann man auch im Winter beschwimmen. Das gibt man nicht einfach auf. Das verstehe ich. Außerdem habe ich meinen Beruf, meine Wohnung, mein Auto, meine Freunde, mein Fitnessstudio, meine beste Freundin, meinen verflossenen Liebsten, mit dem ich mich einmal im Monat treffe, weil wir uns immer noch sehr mögen, und ab und zu eine Affäre, wenn ich unterwegs bin. Hier kommt das nicht so gut an, gibt nur Probleme. Wie man sieht. Wir sind Kollegen, Nachtschicht, ich hatte schon mit vielen Kollegen Nachtschicht. Vor fast genau drei Jahren ist es passiert. Danach wollten wir es beide locker nehmen. Wir haben uns im Café getroffen, waren uns einig, dass das gar nicht geht – und landeten im Hotel hundert Kilometer entfernt. Die Geschichte entwickelte

sich wie in einem französischen Film. Die schönsten Hotels, die besten Restaurants im weiteren
Umkreis habe ich kennengelernt. Die eine und die
andere Tagung, ganz selten kam er mal zu mir, als
Kollege musste er dringend mit mir einen Fall besprechen. Einmal waren wir in den Sommerferien
ein Wochenende im Schwarzwald. Seine Familie
verbringt den Urlaub immer im Haus auf Mal-
lorca. Vielleicht wurde es danach ernst. Plötzlich
habe ich ihn vermisst, die Geschichte nicht mehr
leichtgenommen, den Sex nicht mehr so genossen
wie vorher, weil ich immer daran dachte, dass er
gleich nach Hause muss. Nein, ich habe ihm kein
Ultimatum gestellt. Wozu? Ich weiß, wie er sich
entscheiden würde. Und er hat ja recht. Seine
Frau ist schön und klug. Sie ist mit den Kindern
gerade bei ihren Eltern. Er musste gestern Nacht
nicht nach Hause, wir hatten einmal keinen
Druck. Es war schön, und ich wünschte mir, er
würde das gemeinsame Aufwachen lieben wie
ich. Die Sonne war gerade aufgegangen, ich habe
mich an ihn geschmiegt, ihn umarmt, gestreichelt,
es ging nicht um Sex, es ging um Nähe. Ich wollte

ihn einfach nur fühlen. Wir waren spät eingeschlafen, er war müde, wollte nicht berührt, nicht
aufgeweckt werden. »Lass mich bitte, bitte noch
schlafen, Esther.« Das hat er mit einer wunderbaren Zärtlichkeit gesagt. Das Dumme ist nur,
ich heiße Melanie. Esther ist seine Frau. Da habe
ich es endlich begriffen. Ich habe mich angezogen
und bin weg. Und jetzt sitze ich hier im Café.
Wie in einem französischen Film. Es fehlt nur der
Schriftzug: Ende.

10 Im Blumenladen

Ich bin spezialisiert auf außergewöhnliche Sträuße und Gestecke. Und Lilien. Ich liebe Lilien. Zwei Blumenläden in einem so kleinen Ort. Jeder fragt, wie das geht. Finanziell. Ich komme gut über die Runden. Dabei hat mir jeder abgeraten, hier ein zweites Geschäft aufzumachen. So viele Blumen kauft der Schwabe nicht. Aber ich war mir sicher. Es würde funktionieren. Und es hat funktioniert. Bei mir kaufen Leute, die sonst eher keine Blumen kaufen. Ich bin eine Zugezogene. Da hat man es natürlich immer schwer. Der Liebe wegen bin ich gekommen. Aus Leipzig. Wir haben uns übers Internet kennengelernt. Ich mache daraus kein Geheimnis. Ist doch nichts Schlechtes. Man sucht und man findet. Da oder dort. Wir haben uns gefunden. Ich glaube an Bestimmung. Wir waren füreinander bestimmt. Das wusste ich nach dem ersten Treffen. Wir hatten geschrieben und telefoniert. Und dann haben wir uns auf halber Strecke getroffen. Alle haben mich gewarnt, mach dich auf eine Enttäuschung gefasst. Er hat mir aber sofort gefallen. Eine Weile sind wir dann gependelt. Immer nur das kurze Wochenende. Ich hatte schon in Leipzig einen Blumenladen. Da blieb nicht viel Zeit. Sechs Tage die Woche geöffnet. Er konnte seinen Job nicht aufgeben, hätte nichts Vergleichbares gefunden. Also kam ich hierher. Hab mich umgeschaut, und als ich den Laden hier sah, gleich gewusst, das ist meiner. Viel ruhiger als früher ist mein Leben. Und die Liebe hat gehalten. Man muss mutig sein. Und auf seine innere Stimme hören. Ich verdiene keine Reichtümer, aber wir kommen zurecht. Kinder haben wir keine. Ist vielleicht schade, aber nicht zu ändern. Dafür habe ich die Blumen. Auf meinen Arm habe ich mir eine Lilie tätowieren lassen. Auf den Rücken eine Rose. Da wird die Haut mit dem Alter am wenigsten schlaff. Deswegen Arm und Rücken. Das geht ziemlich lange. Mein Mann hat auch Tattoos. Beide haben wir Lilien, seine ist etwas höher, umrankt den Oberarm, ich fand es tiefer schöner. Soll ja auch jeder sehen. Ich wusste nicht, wie die Leute reagieren, aber eigentlich finden es alle schön. Wir waren auf einer Messe, da saß diese Frau, und da wusste ich auch wieder sofort, das ist sie. Von der will ich mich stechen lassen. Sie arbeitete freihändig und ohne Vorlagen. Ich freue mich jedes Mal, wenn ich beim Sträuße arrangieren auf meinen linken Arm schaue, vielleicht lass ich mir auf den rechten noch eine Efeuranke machen. Muss natürlich alles floral sein. Würde sonst nicht zu mir passen.

11 Im Dampfbad

Ich mag Füße. Ich habe mir ihre Befreiung auf die Fahnen geschrieben. Immer wieder sehe ich sie eingezwängt und vergewaltigt. Hier laufen sie frei herum. Und ich kann sie betrachten und beruhi‑gen. Es ist keine sexuelle Obsession. Eher eine so‑ziale. Jeder braucht im Leben eine Aufgabe, eine Mission, von der er überzeugt ist. Bei mir sind es die Füße. Bevor ich einer Frau ins Gesicht blicke, schaue ich auf ihre Füße. Ist im Alltag schwie‑rig, aber inzwischen kann ich mit Röntgenblick durchs Leder sehen. Hier ist für mich natürlich das Fußparadies. Für die Füße auch. Nur am Strand ist es noch besser. Für die Füße. Nicht für mich, weil der Sand den freien Blick behindert. Manche Füße schreien geradezu nach Aufmerk‑samkeit. Lack ist auf den Nägeln, aber sonst nur

Vernachlässigung. Man muss sie pflegen, massieren und streicheln, mit ihnen sprechen. Ich bin so normal wie Sie. Kommuniziere nur gerne mit Füßen. Fasse sie gerne an, spüre, fühle sie. Bekannte Füße und fremde. Ich nehme die Person über ihre Füße wahr. Wir treten in Verbindung. Für einen Augenblick. Und dann gehen wir wieder auseinander. Jeder geht seiner Wege. Die Füße laufen davon und in verschiedene Richtungen. Ich massiere fremde Füße. Ich mache das nicht professionell. Habe oft darüber nachgedacht, auch mit meiner Frau darüber gesprochen. Ich bin glücklich verheiratet, unsere Tochter ist gerade in die Schule gekommen. Meine Frau weiß von meiner Fußpassion. Warum sollte ich es ihr verschweigen. Sie hat schöne Füße. Sie mag nur nicht, wenn ich bei uns zu Hause neue Fußkontakte suche. Wir wohnen in einer Kleinstadt. Das würde Gerede geben. Am Wochenende fahren wir deswegen viel herum. Gehen in Thermalbäder und Saunen. Wir haben auch schon darüber nachgedacht, die Sache zu professionalisieren. Fußpflege. Ich könnte noch mal eine Ausbildung machen zum staatlich geprüften Podologen. Aber das widerstrebt mir. Ich will kein Geld mit dieser besonderen Fähigkeit verdienen. Ich will kostenlos tätig, der Heiland der Füße sein. Wenn ich daraus einen Beruf mache, verliert sich der Reiz. Ich hätte bestenfalls eine lukrative Aufgabe, aber keine Bestimmung mehr. Wenn man Geld mit seinen Begabungen verdient, verrät man sie doch. Sagen wir es so, mich hat ein göttlicher Strahl getroffen, der meinen Blick auf die Füße richtete. Im Sinne von: Folge mir nach und befreie die Füße. Befreien ist ein großes Wort, ich mache sie einfach für ein paar Augenblicke glücklicher. Die Füße. Und damit die Menschen. Die dadurch besser werden, weil sie besser gehen und stehen – für einen kurzen frohen Moment. Darf ich also Ihre Füße massieren?

12 An der Tankstelle

Ich bin die ideale Tramperin, ich rede oder
schweige, beides kann ich gut. Ich passe mich an.
Ich stehe hier schon seit zwei Stunden, und heute
Abend bin ich mit meinem Freund verabredet. Ist
ziemlich wichtig, dass ich nicht zu spät komme.
Er hat morgen Geburtstag und heute Nacht um
zwölf soll angestoßen werden. Seine Mutter hat alles arrangiert. Seine Mutter mag mich nicht besonders. Ich weiß das. Sie ist immer nett zu mir.
Aber sie findet mich nicht passend. Ihr Sohn hat
etwas Besseres als mich verdient. Ist vielleicht normal bei Müttern. Ich bin ja auch nicht besonders
klug oder ganz besonders schön. Seine Mutter
ist es, beides. Ist nicht mehr jung, hat sich aber
gut gehalten. Wenn ich meine Mutter dagegen anschaue. Kein Vergleich. Ich bin nicht hässlich.

Ich habe keine Minderwertigkeitsgefühle. Ich weiß, dass ich ganz gut aussehe. Und blöd bin ich nicht. Aber ich kann in der Öffentlichkeit nicht so gut reden. Seine Mutter kann es. Ohne Ähs und Verhaspler wird sie auch heute Nacht wieder eine Rede auf ihren wunderbaren Sohn halten. Sie übertreibt nicht, nein, sie ist wirklich ziemlich gut in diesen Momenten. Sieht gut aus, redet gut. Jeder findet sie immer besonders gut. Sagt mein Freund, und dass ihm das immer schon auf die Nerven gegangen sei, dass alle seine Mutter toll fanden. Seine Freunde hätten ihn immer um sie beneidet. Das fand er ätzend. Sagt er. Und dass er mich gerade deswegen liebt, weil ich nicht bin wie seine Mutter. Liebt er mich, weil mich nicht alle toll finden? Oder liebt er mich, weil ich unvoll-kommener bin als seine Mutter und er sich deswe-gen weniger anstrengen muss? Er genießt es, wenn seine Mutter alles perfekt für ihn arrangiert, ihre perfekten Reden, ihre perfekten Kleider. Ich sehe doch, dass er das alles an seiner Mutter liebt. Also: Liebt er mich oder liebt er sie, anders gefragt, wenn er sie so sehr liebt, wie er das tut, weil sie seine perfekte, gut aussehende, kluge Mutter ist, dann kann er doch mich nicht so sehr lieben, weil ich nicht perfekt, nicht so klug bin und nicht so tolle Reden halten kann. Das ist die ungelöste Frage zwischen uns. Vielleicht sollte ich das heute Nacht mit seiner Mutter besprechen.

13 An der Rezeption

Ich komme aus Angermünde. Seit acht Jahren bin ich weg. Ich war im letzten Sommer wieder einmal zu Hause. Hat sich nicht viel verändert. Noch mehr Läden wurden geschlossen und stehen leer. Die Leute hängen rum. Für die Jungen wird nichts getan. Kein Geld mehr da, aber die Guten, die gehen sowieso weg. Meine Mutter lebt noch dort. Sie ist nicht rauszukriegen aus ihrem Haus. Ist ihre Heimat. Sagt sie. Und dass man sie nur da versteht. Schon in Berlin kommen sie ihr vor wie Außerirdische. Zweimal hat sie mich besucht. Hat ihr auch gefallen, alles sauber und die See und die Sommerhäuser in den Fjorden. Fand sie schön. Aber leben möchte sie hier nicht. Dass sie aber versteht, warum ich hier bleiben will. In Angermünde gibt es keine Arbeit. Angeboten wird Saisonarbeit an der Ostsee. Das habe ich nach meiner Lehre drei Jahre gemacht. Aber wenn man ins Hotelfach geht, will man doch rumkommen. Was von der Welt sehen. Jedenfalls nicht zu Hause bleiben und bei schlechter Bezahlung in piefigen Häusern arbeiten. Auf das Angebot aus Norwegen haben mich die Leute vom Arbeitsamt aufmerksam gemacht. Alle schimpfen immer übers Arbeitsamt, das ist ungerecht, in meinem Fall müssten die einen Stern kriegen. Die beste Entscheidung meines Lebens. Die Leute hier sind entspannt und nett, viel netter als bei uns. Man verdient gut. Die Stadt ist schön. Mein Norwegisch ist inzwischen in Ordnung. Gut, wir haben lange Winter und kälter ist es auch. Aber im Sommer, wenn die Sonne mal scheint, sind die Leute total aus dem Häuschen. Alle sitzen vor der Oper. Heller ist es nirgendwo auf der Welt. Ich habe eine norwegische Freundin. Sie lernt Deutsch. Damit sie mit meiner Mutter reden kann. Es gibt hier viele Deutsche. Heimat. Das ist ein großes Wort, erinnert mich nur noch an meine Mutter. Wo ich lebe und liebe und arbeite: Das ist meine Heimat. Alles andere ist Geschichte.

14 Auf dem Flughafen

Man will ja, dass es den Kindern gut geht. Mehr
will man nicht. Glücklich sollen sie sein. Nur
das. Ein schönes Leben haben. Gesund und froh.
Mein Sohn hat gestern geheiratet. Das sagt man
heute so. Eigentlich heißt es: Eingetragene Partnerschaft. Aber alle Rechte und Pflichten, die mit
einer Ehe verbunden sind, sind sie eingegangen.
Mein Sohn und sein Freund. Ich weiß gar nicht,
wie ich ihn nun nennen soll. Mein Schwiegersohn. Meine Güte. Mein Sohn sagt jetzt jedenfalls
»mein Mann«, wenn er von Julian spricht. Muss
das sein? Ich bin wohl spießig. Ja, ich hätte es mir
anders gewünscht, normaler. Was heißt schon
»normal«. Heute ist alles normal und gleich und
richtig. Männer küssen sich auf der Straße. Mein
Vater fand das noch bei jedem unmöglich, man

küsst sich nicht in der Öffentlichkeit, Vertraulich-
keiten gehören ins vertraute Haus. Eine andere
Zeit. Dabei ist es noch gar nicht so lange her. Mein
Vater hätte diese Hochzeit verboten. Nein, nicht
verboten, das kann man nicht bei erwachsenen
Kindern, aber er hätte sie mit Spott und Häme
überzogen. Hingegangen wäre er sicher nicht, obwohl er Feste liebte. Warum wollt ihr sein wie alle,
hätte er gefragt. Ihr seid Ausnahmen, ihr seid besonders, warum seid ihr darauf nicht stolz, warum
wollt ihr das spießige normale Leben, das alle
leben. Heirat und Standesamt, mein Mann, unser
Schlafzimmer ... Er hätte das absurd gefunden.
Ich musste heute viel an ihn denken. Ich sage das
natürlich nicht zu meinem Sohn. Er würde mir
das übel nehmen. Er ist so stolz auf seine Beziehung, er liebt seinen Freund. Das schöne Fest
sollte es allen zeigen. Falls einer krank wird, kann
der andere jetzt vom Arzt die Auskunft erzwin-
gen. Kann man das nicht anders regeln? In guten wie in schlechten Tagen. Bei mir hat die Ehe
nicht über viele schlechte Tage hinweggereicht.
Ich hätte gerne Enkelkinder. Ich hätte gerne eine

Schwiegertochter. Ich darf das nicht mal denken, sagt meine Freundin. Ich soll froh sein, dass Julian so nett ist. Er ist auch ein sehr guter Koch. Und mein Sohn ist glücklich mit ihm. Ich muss mir das immer wieder sagen, er ist glücklich. Endlich ist er glücklich. Ich mag Julian. Aber die Vorstellung, sie könnten Kinder adoptieren – oder gar zeugen –, macht mich nicht froh. Mutter, hat er mir heute zum Abschied ins Ohr geflüstert, jetzt fehlen dir doch nur noch Enkelkinder. Er könne welche zeugen. Zeugen? Wer mit wem? Dafür braucht man ja wohl immer noch eine Frau. Und wohin gehört das Kind dann? Unsere Hochzeitsreise geht nach Venedig, hat er gesagt, und alle haben geklatscht. Vielleicht sind die beiden spießiger als ich. Vielleicht sind alle ihre netten und um mich bemühten Freunde viel spießiger. Niemand traut sich, das zu sagen. Mein Vater hätte das getan. Er hatte nichts gegen Schwule. Er fand nur, dass wer mit wem was im Schlafzimmer macht, privat ist, privat sein sollte. Er hatte recht. Ich hasse dieses Getue, dieses demonstrative Händchenhalten. Ich liebe meinen Sohn, ich finde es in

Ordnung, dass er Männer liebt, es ist schade, aber es ist in Ordnung. Aber warum dieses Theater? Warum schleppt er mich in Restaurants, in denen es außer mir keine einzige Frau gibt? Warum spielt er Handball in einem schwulen Sportclub? Sind Schwule die besseren Sportler? Oder die besseren Menschen? Denkt er je darüber nach, wie ich mich fühle als Frau unter lauter schwulen Männern? Das ist nicht wichtig, denn er kann endlich leben, wie er immer leben wollte. Aber die Wahrheit ist, dass ihn niemand je daran gehindert hat. Es gab keine Unterdrückung, keine Strafen, kein »Das darfst du nicht«. Vielleicht war genau das falsch. Ich weiß, das ist Unsinn. Er wäre todunglücklich mit einer Frau – und sie vor allem mit ihm. Aber manchmal denke ich, er hätte es vielleicht einmal versucht, wenn wir nicht alle mit so viel Verständnis reagiert hätten. Vielleicht waren die Verhältnisse zu schnell klar, die Karten auf dem Tisch. Unsinn, wahrscheinlich muss ich mir nur eingestehen, dass ich homosexuelle Männer einfach nicht besonders mag. Nie mochte. Dass sie die besten Freunde der Frauen seien, halte ich für eine schwachsinnige Albernheit. Warum sollte ich mit einem Schwulen am besten auskommen? Weil Sex zwischen uns kein Thema ist? Was ist das für ein Kriterium? Für einen Freund. Er kann meine Erfahrungen ebenso wenig teilen wie jeder andere Mann, denn er ist einer, egal, mit wem er schläft. Nein, ich mochte das Feminine nie an Männern. Natürlich liebe ich meinen Sohn, und ich mag seinen Freund, das hat damit nichts zu tun. Es geht mir trotzdem auf die Nerven, dass selbst bei uns in der Kleinstadt alle so nett darüber reden. Gleichberechtigung ist doch nicht Gleichheit. Bürgermeister, Außenminister kann er werden. Als ob das ein Kriterium wäre. Soll er. Trotzdem sind sie die Ausnahme. Wenn wir das nicht mehr sehen, dann haben wir verloren. Eine Freundin von ihm hat einen kleinen Sohn, niedlicher Kerl mit großen blauen Augen. War heute auch beim Hochzeitsfest. Julians Mutter schäkert mit dem Kleinen herum und scherzt, aus ihm werde sicher mal ein Frauenschwarm. Wer weiß, antwortet die Mutter des Kleinen, ob er nicht lieber Männer mögen wird. Wir wollen ihm doch jede

Option lassen. Oder? Julians Mutter lief rot an. Gesagt hat sie nichts. Sie werden an ihrer politischen Korrektheit ersticken. Ihre Versuche, nur ja nicht rassistisch, nicht schwulenfeindlich, nicht umweltzerstörerisch, nicht tier-, nicht kinderfeindlich, nicht energieverschwenderisch, nicht ichweißnichtwas zu sein, macht sie zu lächerlichen Gestalten. Mein Sohn hat sich entschieden, er sitzt jetzt an der Hotelbar und trinkt Champagner. Er soll glücklich werden.

15 An der Bar 1

Sieht so aus, als ob die Flasche ein Loch hätte. Ist schon wieder leer. Ich bin nicht betrunken. Ich muss nur trinken. Meine Tochter hat mich wieder mal versetzt, eigentlich kein Grund zur Aufregung. Ist nicht das erste Mal, aber es schmerzt immer wieder. Eigentlich komisch. Dass man sich an Enttäuschungen nicht gewöhnt. Sie enttäuscht mich nämlich immer. Einundzwanzig ist sie. Kein Kind mehr. Wir waren hier verabredet. Hier, in diesem Luxushotel. Heute. Alles fest gebucht. Flug, Zimmer. Sie hätte nur kommen müssen. Heute Abend. Jeder weiß, dass man Hotelzimmer spätestens um achtzehn Uhr canceln muss. Um halb acht kriege ich die SMS von ihr, sie habe ihr Flugzeug leider verpasst, tut ihr leid, schreibt sie, um zwanzig Uhr wollten wir Abend essen, der

Tisch war bestellt, alles vom Feinsten, wie die Prinzessin es gerne hat. Das Restaurant war also für acht Uhr reserviert, sie schreibt um neunzehn Uhr dreißig, ihr Flugzeug ging aber schon um fünfzehn Uhr. Ich weiß das, weil ich für sie gebucht habe, also hat sie um Viertel vor drei allerspätestens gewusst, dass sie das Ding verpasst hat. Warum schickt man dann erst vier Stunden später eine Nachricht? Ich nehme an, ihr Handy hatte eine Macke. Ihr Handy macht nämlich immer Probleme, wenn sie mit mir Kontakt aufnehmen will. Will? Soll. Wollen tut sie nur im Notfall. Und der Notfall lässt sich abzählen in ziemlich hohen Noten. Wenn sie Geld braucht, erinnert sie sich an mich. Das geht seit acht Jahren so. Vorher war sie nett. Wenn wir uns sahen, saß sie auf meinem Schoß und sagte, Papa, ich mag dich. Das habe ich nicht vergessen. Irgendwann hat ihre Mutter ihr erzählt, dass ich sie nicht wollte. Was heißt schon wollen in so einer Situation. Die Sache war vorbei, sie war die Cousine meines Freundes, zu Besuch in Tübingen, wir waren lange schon getrennt, eigentlich nie richtig zusammen gewesen, bisschen getändelt, wie man das so macht, wenn man jung ist, die Sache ging nicht mehr als vier Wochen, und dann Tübingen, Wiederbegegnung, ein letztes Mal Sex vor dem Abschied, und da ist es passiert. Natürlich wollte ich kein Kind mit der Frau. Ich wollte nie ein Kind mit ihr, ich fand sie schön, ich war scharf auf sie, aber doch kein Kind. Das ist was fürs Leben. Das hier war nichts fürs Leben. Definitiv nicht. Wir waren auch viel zu jung. Mitte zwanzig und Vater werden. Das stand nicht auf meiner Liste. Aber ich hab es wirklich versucht. Ich habe die Verantwortung übernommen, nicht nur gezahlt, ich war da, habe alles probiert. Die Frau war eine Prüfung, aber ich hab es gemacht. Haus am Stadtrand, Aupair-Mädchen, alles, was sie brauchte und wollte, und sie brauchte und wollte viel. Natürlich war ich dann auch stolz auf meine Tochter. Ich habe für Babys nicht viel übrig, aber sie war ein besonders hübsches Baby. Wahrscheinlich sagt das jeder Vater über sein Kind. In dieser Hinsicht war ich normal. Das ganze gewöhnliche Leben habe ich dann durchgezogen, pompöses Hochzeitsfest, Vater, Mutter, Kind, Haus und Hund. Das hat nicht klappen können zwischen uns, aber es war einen Versuch wert. Ihre Mutter erzählt ihr, ich habe sie zur Abtreibung überreden wollen. War das etwa keine Option? Heißt das, ich habe sie später nicht geliebt? Als das Kind da war, habe ich mich entschieden zu bleiben. Ich bin nicht abgehauen, obwohl es jeden Grund dafür gab. Irgendwann ging es aber nicht mehr. Da war sie acht. Acht Jahre habe ich dieses Leben ausgehalten. Bin geblieben – wegen meiner Tochter. Und jetzt kann sie sich nicht mal ordentlich entschuldigen, wenn sie eine Verabredung mit mir platzen lässt. Habe ich das verdient? Ist sie so blöd, dass sie nur ihrer Mutter glaubt? Sie studiert doch, angeblich tut sie das. Ich zahle. Heute Abend wollte sie mir alles genau erklären, ihre Lage, ihre Pläne. Warum muss es New York sein, habe ich nur gefragt. Wahrscheinlich war das schon zu viel. Meine Tochter ist hübsch. Meine Tochter liebt mich nicht. Das weiß ich. Ist nicht so schlimm. Ist vielleicht normal. Die Töchter kommen nach den Müttern. Schlimm ist, dass sie mich nicht achtet. Sie hält mich für einen dummen Geschäftsmann, der ihre Mutter verlassen hat – und der nie genug gezahlt hat. Was nicht stimmt. Ich habe sehr viel gezahlt. Es sollte meinem Kind nicht schlecht gehen. Und dass ich sie nicht sehen wollte, ist eine Lüge. Es war die Mutter, die mit ihr nach Konstanz zog, weit weg von mir. Sie ließ die verabredeten Besuchstermine immer wieder platzen: Ohren schmerzen, Grippe, Klassenarbeit, Geburtstags fest der Freundin. Es gab viele Gründe. Ich hätte sie nicht akzeptieren müssen, aber ich wollte kei nen Terror mehr mit der Frau. Einmal stand ich vor dem Schulhof, rufe meine Tochter, sie schaut mich mit entsetzten Augen an. »Ich will dich nicht sehen. Ich darf dich überhaupt nicht se hen.« Da war sie zwölf. Danach war eine Weile Sendepause, ich wollte das Kind nicht quälen. Es gab dann ja auch eine Weile einen andern Mann. Neuer Versuch mit Stadtrand und Reihenhaus.

Außerdem haben mir alle gesagt, warte mal, bis sie größer ist, dann kommt sie schon von selber. Ist sie aber nicht. Einmal ist sie mit mir in die Fe rien gefahren, da war sie achtzehn. Ich habe wirk

lich alles aufgefahren, was nur ging: Luxuskreuz-
fahrt, beste Kabinen, teures Schiff, halbe Weltreise.
Zwei Wochen hat sie mir jeden Abend klarge-
macht, dass ich eine Zumutung bin, der totale
Langweiler. Und es wurde telefoniert und telefoniert, jeden Tag mindestens zweimal mit der Mutter. Telefonate auf See sind wirklich teuer. Natürlich hätte ich sie ihr verbieten können, aber ich
wollte nicht schon wieder als Geizhals dastehen.
Zum Glück gab es einen jungen Schnösel, der mit
seinen Schnöseleltern auch auf dem Schiff war.
Sonst wäre ich von Bord gesprungen. Und trotzdem: Ich liebe sie. Ich bin froh, dass es sie gibt.

Ist schon komisch, obwohl sie mich nicht
mag, bin ich glücklich, dass ich sie habe. Ich hoffe
auf andere Zeiten. Wenn sie dreißig ist, werde ich
fünfundfünfzig sein. Dann wird bestimmt alles
besser zwischen uns. Sie muss erst mal selber Kinder haben, meint mein Freund. Er hat es gut, seine
beiden Kinder nehmen ihm die Trennung nicht
übel. Sagt er.

Als sie zwei war, bin ich mit ihr und ihrer
Mutter verreist. Spanien, von einem luxuriösen

Parador zum nächsten. Eines Morgens auf Gomera frühstücken wir am Pool, die Sonne scheint, ausnahmsweise herrscht Harmonie. Plötzlich ist das Kind weg. Ich schaue unter den Tisch, daneben, dahinter, mein Blick fällt auf den Pool. Ich mit Sachen und Schuhen reingesprungen, da lag mein Kind auf dem Boden des Pools. Ich dachte immer, der Körper schwimmt oben. Ihr war nichts passiert. Ich habe meine Tochter aus dem Wasser geholt, in den Armen gehalten. Das war der größte Augenblick meines Lebens. Ihre Mutter schwieg. Dass ich an allem schuld war, das kam erst später.

16 Im Flugzeug

Ich habe Flugangst, Starten und Landen sind ein Alptraum. Ich fliege selten alleine. Meistens mit meinem Freund. Das ändert sich aber gerade. Die letzten drei Jahre sind wir immer zusammen gereist. Wir studieren beide in Basel. Oder besser gesagt: Wir haben beide in Basel studiert. Er hat jetzt gewechselt, macht seinen Master in Berlin. Und ich in Oxford. Ich hab es wirklich geschafft. Hätte ich nie mit gerechnet. Oxford. Das ist wie ein Lottogewinn. Einfach toll. Ich bin total ausgeflippt, als ich die Zusage bekam. Keiner hat geglaubt, dass ich das schaffen würde. Die Sprache war das geringste Problem, aber es gibt so viele Bewerbungen. Ein Glücksfall – einerseits –, andrerseits hat mein Freund es eben nicht geschafft. Wir hatten uns beide beworben. Das ist hart für ihn, aber auch für mich. Wir hatten uns das alles schon ausgemalt, nicht in Oxford, damit haben wir beide nicht gerechnet, war nur ein schöner Traum, nein, Berlin war die Option, gemeinsame große Wohnung, ist ja viel billiger als Basel, Leben und Lieben und Arbeiten. Das war es. Das wäre es gewesen. Aber kann ich dafür Oxford ausschlagen? Er ist nicht sauer. Enttäuscht, sagt er, und dass er sich für mich freut. Das tut er bestimmt, aber natürlich ist er traurig. Vielleicht auch ein bisschen neidisch. Wäre normal. Aber ich kann doch Oxford nicht ausschlagen, weil er es nicht geschafft hat. Meine Freundin meint, das müsste ich aus Liebe tun. Aber diese Zeiten sind vorbei. Es ist schade für uns beide. Aber ist ja erst mal nur für ein Jahr, das geht schnell vorbei. Es gibt sehr billige Flüge nach Berlin. Nein, wegen der Liebe lässt man das nicht sausen. Nicht Oxford.

17 In der Ferienwohnung

Eigentlich sollte mein Sohn da sein. Erfolgreicher junger Mann. Früher war ich das auch. Erfolgreich. Aber jetzt bin ich krank. Deswegen laufe ich im Pyjama herum. Sie müssen mir das nachsehen. Diabetes. Nicht lebensgefährlich, aber man muss sich vorsehen. Import – Export. Anstrengendes Geschäft. Vorbei. Jetzt vermiete ich hier die Ferienwohnungen. Mein Sohn kümmert sich um den Internetauftritt. Da haben Sie ja auch gebucht. War seine Idee: Ferienwohnungen im Palazzo. Es gibt so viel Platz hier. Wir haben eine Menge investiert. Und meine Bilder werden von den Gästen ausführlich betrachtet. Nicht die ganz großen italienischen Meister, aber die hingen hier auch früher nicht. Ich fahre auf Auktionen. Mein Hobby. Der Originalzustand lässt sich natürlich nicht mehr herstellen, aber ich habe viele Bücher. Architektur der Stadt. Da kommt unser Palazzo immer vor. War lange in Familienbesitz, aber irgendwann verarmt jede Familie. Jedenfalls in Italien. Vor zehn Jahren haben wir ihn gekauft. Ist eine Lebensaufgabe. Man kann seine Zeit schlechter verbringen. Meine Frau ist Ärztin, sie praktiziert in der Nähe. Ich bin den ganzen Tag hier. Wir haben gerade ein Problem mit der Müllabfuhr. Die Gewerkschaften. Die unfähigen Herren auf den Ämtern. Die sind nicht in der Lage zu koordinieren. Die Mafia hat nichts damit zu tun, überhaupt Mafia, das ist ein Lieblingsthema im Ausland. Hollywood-Filme. Der Pate. Marlon Brando. In Amerika denken sie auf diese Weise an ihre italienischen Wurzeln. Die Mafia ist nicht an allem schuld. Man hat natürlich seine Verbindungen. Sonst hätte ich den Palazzo gar nicht kaufen können. Aber hat nicht jeder seine Verbindungen, wenn er in einer Stadt aufgewachsen ist? Man kennt sich, man tut sich einen Gefallen, nächstes Mal revanchiert man sich. Ist das Mafia? Dann ist die ganze Welt unter Mafiaherrschaft. Wird viel geschrieben. Ich will nicht sagen, dass es sie nicht gibt oder gab, aber sie spielt keine Rolle. Und Kriminalität gibt es überall. Leute werden erschossen. Das ist nicht schön. Das ist gegen das Gesetz. Sie kommen vor Gericht. Sie kommen ins Gefängnis. So ist das. Ich bin fünfundfünfzig. Ich habe mich zur Ruhe gesetzt. Ich kümmere mich um dieses schöne Haus. Ich tue was für unsere Stadt. Und ich bin krank.

18 Im Luxushotel

Ein einziger Platz in diesem Hotel für Raucher.
Absurd. Hier darf man rauchen, aber an dem
Tisch nebenan nicht. Der Kellner sagt, so sei das
Gesetz, ein einziger Gartentisch darf reserviert
werden für Abhängige wie mich. Wir sind die
Pestkranken der Gegenwart. Ich rauche Zigarren.
Man braucht Zeit für eine gute Zigarre, aber jetzt:
anmachen, ausmachen, anmachen, ausmachen.
Meine Frau raucht nicht, aber sie muss das aushal/
ten. Ich halte dafür andere Sachen aus. Diese end/
losen Reisen zum Beispiel. Sie hat geerbt, unsere
Kinder sind erwachsen. Jetzt los – hat sie gesagt.
Wir sind noch jung genug. Und die kalten Winter
in Europa schlecht fürs Gemüt und die Knochen.
Von Ende Dezember bis Ende März sind wir
unterwegs. Ich nehme meinen Zigarrenvorrat mit.

Unsere nächste Station ist Thailand, da waren wir letztes Jahr schon, gutes Hotel, bester Service, eigener Strand. Das ist wichtig. Der Strand für meine Frau. Ich sitze lieber wie hier am Pool und rauche meine Zigarre. Danach geht es dann nach Laos. Da soll der Tourismus Fortschritte gemacht haben. Freunde haben uns ein Spitzenhotel empfohlen. Letztes Jahr waren wir in einem Haus direkt auf dem Äquator, zwei Badezimmer, in einem dreht sich das Wasser links, im anderen rechtsrum, wenn es abfließt. Da haben wir die Frau des Direktors unserer Hotelkette hier kennengelernt. Meine Frau ist jeden Morgen eine halbe Stunde mit ihr geschwommen. Als wir hier ankamen, habe ich gesagt, wir haben reserviert, und ich kenne Ihren Direktor. Die sind sofort alle gesprungen, bestes Zimmer, Hotelauto für einen Tag umsonst. Noch Wünsche, können wir was für Sie tun? Mache ich jetzt immer, muss man sich vorher nur erkundigen, wer der Mann an der Spitze ist. Hat Vorteile, wenn man so weit herumkommt. Nach Indien wollte ich nie. Warum willst du da hin, habe ich meine Frau gefragt. Taj

Mahal um diese Jahreszeit: kalt und grau. Ayur-veda machen alle. Ist doch Quatsch. Kommst du wieder nach Hause, und die ganze Kur war umsonst, weil du eben nicht Inder bist. Außerdem darf man da nicht rauchen. Aber sie hat keine Ruhe gegeben. Also gut, dann die Härte. Wir fahren nach Kalkutta. Spitzenhotel, aber auch die Straße. Gestern bin ich mit ihr hier in einen Tempel in der Nähe. Der Chauffeur wartete draußen, war gerade so eine Art Opferfest. Kein Tourist außer uns, Schuhe aus und unter die Massen gemischt. Schafe wurden geköpft, wir waten durch Blut, meine Frau guckt entsetzt. Ich sage, das ist Indien. Von hier aus geht's nach Bombay. Ins Taj Mahal. Hoffen wir mal, dass die Terroristen nie am gleichen Ort zweimal zuschlagen. So viele reiche Ungläubige auf einem Haufen.

19 Auf dem Basar

Urdu spreche ich auch. Das ist die Sprache der Höflichkeit. Ich kann viele Sprachen. Meinen Master habe ich in Law und Political Science gemacht. Zwei Jahre habe ich als Anwalt gearbeitet, aber das war nichts für mich, immer den Leuten nach dem Mund reden, immer höflich sein. Ein total korruptes System. Ich hätte Karriere machen können. Ich will aber nicht reich werden, sondern ein glückliches Leben. Gerade habe ich mich von meiner Freundin getrennt, einer Österreicherin. Sie hat mich mit ihren Mails und Anrufen verrückt gemacht. Wann kaufst du das Haus, wann kann ich kommen, wann heiraten wir. Das war mir zu viel. Ich bin noch jung. Ich bin Geschäftsmann. Ich habe Pläne. Wir haben uns auf dem Flughafen kennengelernt. Mein Flugzeug hatte

Verspätung, ihres auch. In Bangkok war das. Wir haben uns gleich verliebt. In welcher österreichischen Stadt lebt sie noch mal? Das habe ich jetzt vergessen. Unsere Generation ist modern, ich bin ein weltoffener Mann. Meine vorige Freundin kam aus Köln. Ich hab ihr geholfen, die wichtigen Plätze zu finden. Sie hat hier einen Dokumentarfilm gedreht. Sie war älter als ich, hat mir aber nichts gemacht, sie war sehr verliebt in mich, hat ebenfalls andauernd angerufen, ich solle zu ihr kommen, aber ich habe hier viel zu tun. Ich bin auch im Baugeschäft, nachts muss ich die Lastwagen dirigieren, ich habe viele Baustellen. Im Augenblick ist viel los. Man muss was bewegen, mein Bruder ist Generalsekretär der Kommunistischen Partei, mein Schwager ist Gewerkschaftsführer, er hat die Verhandlungen für die Krankenhausangestellten geführt. Man muss was tun für die Gemeinschaft, für die Familie. Das Unglück auf dieser Welt, das kommt von der Zürcher Weltbank und von den amerikanischen Nimmersatten. Nur Bill Gates gibt auch den Armen, aber er ist auch nicht mehr im Geschäft. Unter den drei reichsten

Männern der Welt ist übrigens ein Inder. Vertrauen kann man nur der Familie. Deswegen arbeite ich nur mit meinen Verwandten. Ich kenne sie, sie kennen mich. Wir betrügen uns nicht. Meine polnische Freundin, ja, ich hatte auch eine polnische Freundin, hat das nicht verstanden. Du mit deiner Familie, hat sie gesagt, und dass die mir wichtiger wäre als sie. Sie war katholisch. Nicht, dass mich das gestört hätte, aber es gibt doch Unterschiede. Am Ende werde ich wohl ein Mädchen von hier heiraten, das zur Familie passt. Vielleicht aber auch nicht. Hat noch Zeit. Bei mir gibt es wirklich die besten Pashimaschals der Stadt.

20 Am Frühstücksbuffet

Meine Freundin schläft noch. Sie schläft immer länger als ich. Das ist aber auch die einzige Unvereinbarkeit zwischen uns beiden. Wir reisen seit zwanzig Jahren zusammen in die Sommerferien. Wir sind Schulfreundinnen. Hatten uns dann eine Weile aus den Augen verloren. Eines Tages sehen wir uns wieder. Zehn Jahre sind weg wie nichts. Wir beide wieder ein Herz und eine Seele. Sie inzwischen geschieden, ich zwei Kinder. Meine Ehe: na ja, so la la, der Honeymoon ist lange vorbei. Das ist normal. Wir verstehen uns aber gut, mein Ralf und ich. Bis heute. Nur die Ferien waren immer ein Problem. Der Mann kann nicht ausspannen. Am Strand liegen, das war nie seine Sache. Meine Freundin und ich dagegen sind sozusagen gleich getaktet. Meine Kinder wollten auch lieber ins Ferienlager fahren als mit ihren Eltern, die sich nie einigen konnten, Strand oder Wandern. Hat dann noch zwei Jahre gedauert, wir sind zusammen in eine Yogagruppe, dann haben wir den ersten Urlaub geplant. Mein Mann hatte nichts dagegen. War wahrscheinlich erleichtert. Nicht mehr die Ferienstreiterei, im Januar ging es ja immer schon los. Da kamen damals die ersten Prospekte. Heute mache ich das alles übers Internet alleine. Jedenfalls fahre ich seitdem, jetzt sind es wirklich schon zwanzig Jahre, mit meiner Freundin ans Meer. Wir waren überall: Spanien, Italien, Bulgarien, Österreich, Schweiz, sogar in Florida waren wir und in Indien. Da hatte meine Freundin eine kleine Affäre. Ein junger Händler. Sie war hin und weg. Dabei hat er ihr den ganzen Tag was vorgeflunkert. Ihr lauter Zeug verkauft, angeblich zum Sonderpreis. Irgendwann konnte ich es nicht mehr aushalten, war aber der einzige Streit, den wir auf unseren Reisen hatten. Jetzt zum ersten Mal Griechenland. Eine Kollegin von mir hat Korfu empfohlen. Ich wollte erst nicht, zu viele Touristen, stören mich jetzt aber gar nicht. Im Gegenteil. Man findet leicht Anschluss. Mir gefällt das, gestern habe ich mich lange mit einer Dame aus England unterhalten. Hab sie gefragt, was sie liest. Seit zehn Tagen sehe ich sie jeden Tag mit einem Wälzer am Strand. War nett. Und die Kellner sind auch zuvorkommend – und hübsch. Ich habe immer gute Laune auf unseren Reisen. Lächle alle an. Meine Freundin ist eher missmutig, jedenfalls am Morgen. Abends ist sie guter Laune. Sie ist klüger als ich. Dafür bin ich hübscher. Also ich war immer hübscher. Heute sehe ich auch besser aus. Jünger in jedem Fall. Auf mich reagieren die Männer immer noch, sagt meine Freundin. Seit der Geschichte mit dem Inder hat sie mit dem Kapitel abgeschlossen. Gegen die Falten könnte sie was tun. Ist ja heute keine Problem mehr. Egal. Wir haben es gut miteinander. Ich muss jetzt gehen, die Liegen für uns reservieren.

21 Am Strand 1

Früher sah es hier anders aus. Eine Taverne, zwei
Fischer, mittags gab es Sardinas, ein paar Tomaten. Das wars. Und nun? Ein Kasten am andern.
Es ist eine Schande. Ich rede von den Siebziger-
jahren. Da war ein anderer Spirit. Die Leute alle
netter, unverdorben. Wenn man im nächsten Jahr
wiederkam, gab es ein großes Hallo. Heute kann
man nur noch um sieben Uhr morgens an den
Strand, bevor die Liegenreservierer am Werk
sind. Ich wollte unbedingt noch einmal hierher.
Die reine Sentimentalität. Man hatte mich gewarnt. Aber so schlimm hab ich es mir nicht vorgestellt. Ist nichts mehr wiederzuerkennen. Da
oben, gleich wenn Sie über den Berg kommen,
hatte ein Freund von mir mal ein Grundstück, hat
es damals für nix gekauft. Wir fanden das nicht in

Ordnung, den Leuten das Land abzukaufen. Touristenkolonialismus. Von heute aus gesehen, kann man nur sagen, hätte man alles kaufen sollen. Dann sähe es hier anders aus. Oder auch nicht. Aber wer weiß, aus uns sind nicht die schlechtesten Geschäftsleute geworden. Damals hatte ich überhaupt kein Geld. Wovon hätte ich also kaufen sollen? Eigentlich sind wir schuld, wären wir nicht mit unseren Rucksäcken eingefallen, hätte es vielleicht keiner gemerkt. Wir waren die Wegbereiter des Massentourismus. Ohne uns keine Hotelburgen. Wir haben uns damals einen Dreck geschert um die berühmten Sitten und Gebräuche. Legten uns nackt an den Strand und fanden die Empörung der schwarzen Witwen rückständig. Heute legt jede Mutti aus Bottrop ihre Titten in die Sonne. Und niemand regt sich mehr auf. Der reine Kulturkolonialismus. Wir werden verachtet und zur Strafe gemolken. Meine erste Überfahrt machte ich noch auf einem Kutter, der die Inselbewohner mit riesigen Kisten und Kasten und Ziegen und Hühnern zurück aus der Stadt brachte. Später wurden es dann große Fähren, die alle zwei oder drei Tage verkehrten, heute können Sie andauernd hin- und herfahren, Inselhopping ist angesagt.

Ich klinge wie mein Vater, wenn er von seinem ersten Italienurlaub in den Fünfzigerjahren schwärmte. Wiederholt sich eben alles. Mein Sohn macht es nicht unter Indien oder Laos. Alle sind immer auf der Suche nach der Exotik. Und löschen sie auf diese Weise aus. Muss wohl so sein. Da lobe ich mir künstlich angelegte Südseeferienparadiese. In Brandenburg gibt's eins. Das sollte es viel mehr geben. Man könnte ein Siebzigerjahre-Inselfeeling anbieten oder Italien der Fünfziger. Das ist eine Marktlücke. Reisen Sie in die Ferne auf kurzer Strecke. Nieder mit den Langstreckenflügen. Na ja, »nieder« kommt als Slogan heute nicht mehr so gut an. Auf jeden Fall Urlaub als Zeichen gegen Energieverschwendung und Ressourcenausbeutung. Das ist es. Man braucht nur eine Vermarktungsstrategie. Und die Energie, die man in den künstlichen Paradiesresorts braucht, wird aus der reinen Windkraft gewonnen. Die Räder können nebenan auf dem Feld stehen, sieht man gar nicht, weil unser Ferienort unter einem gigantischen Zelt liegt. Sonne für immer. Und rauschendes Meer. Idylle 365 Tage im Jahr. Und kein einheimischer Störfaktor. Freundliche Muttersprachler. Man muss nicht mehr in fremden Sprachen radebrechen. Das ist es.

Ich muss rein, bevor das Frühstücksbuffet abgeräumt wird. Das wird auch abgeschafft. Man wird am Tisch bedient.

22 Am Strand 2

Bücher müssen dick sein. Das Leben ist sowieso zu kurz. Ich komme jedes Jahr für vier Wochen nach Korfu. Immer dasselbe Hotel, dieselben Cocktails am Abend, dasselbe Ausflugspro-
gramm, jedes Jahr einmal zum Sissy-Schloss. Der
Armen ging es hier so schlecht. Jedes Jahr mache
ich neue Bekanntschaften. Die halten nicht fürs
Leben, sollen sie auch nicht. Letztes Jahr habe ich
mich mit einem Ehepaar angefreundet, wir hatten
es gut miteinander, aber dieses Jahr sind die nach
Thailand. Die meisten Menschen wollen neue
Orte kennenlernen. Ich nicht. Deswegen tausche
ich auch keine Adressen aus. Ferien sind Ferien.
Ich will die doch nicht zu Hause sehen. Überraschung: Wir sind auf der Durchreise. Nein,
danke. Ferienfreundschaften gehören in die Fe-

rien. Ich finde es nett, Menschen kennenzulernen, die Bekanntschaften zu wechseln. Ich lese ja auch nicht jedes Jahr dieselben Bücher. Zu Hause lese ich nicht. Keine Zeit. Und das Wetter ist zu schlecht. Man braucht Sonne und Ruhe zum Lesen. Ich kann doch nicht nach fünf Seiten aufhören. Wie viele Tage bräuchte ich dann für einen Roman. Absurd. Hier kann ich durchlesen. Fünfhundert Seiten sind nichts. Ich habe einen genauen Rhythmus. Frühstücken, Strand – Liege ist für mich reserviert, das machen die Kellner gegen ein ordentliches Trinkgeld –, dann einölen, Sonnenschirm zurechtrücken, erste Lesestunde. Nach ungefähr fünfzig Seiten gehe ich zum ersten Mal schwimmen. Ich habe einen genauen Zeittakt. Manchmal komme ich durcheinander. Ich bin keine Pedantin. Stellen Sie sich vor, gerade wenn meine Badeseitenzeit erreicht ist, passiert irgendwas Aufregendes, da fällt es schwer, sich an die aufgestellten Regeln zu halten. Trotzdem: Früher habe ich planlos gelesen. Da habe ich dann am Abend gemerkt, dass ich nur einmal im Wasser war oder dass ich fünfzig Seiten hinter meinem

Soll zurücklag. Beides ist ungesund. Das hier ist meine Erholung: Lesen, Schwimmen, Strand. Da muss man schon aufpassen, dass alles ordentlich abläuft. Abends lese ich nie. Im Bett schläft man. Na ja, manchmal macht man da auch was anderes, obwohl das in den letzten Jahren weniger geworden ist. Die meisten Männer wollen eher Schlanke. Obwohl – mein Busen kann sich sehen lassen. Männerbekanntschaften sind nett, müssen aber nicht unbedingt sein, ich treffe immer Leute, mit denen ich abends essen und meinen Gin Tonic trinken kann. Einen oder zwei übrigens, ganz selten, wirklich ganz selten drei. Lesen mit schwerem Kopf ist zu mühsam. Vorlieben habe ich keine besonderen. Dicke Romane müssen es sein. Damit es sich lohnt. Ich meine, ich lasse mich auf die Menschen, die Geschichten ein, das macht man doch nicht nur für ein paar Seiten.

23 Am Pool 1

Wir haben zwei Zimmer. Wir nehmen immer
zwei Zimmer. Getrennt schlafen, gemeinsam rei‚
sen. Das ist unsere Devise. Wir sind nicht mehr die
Jüngsten. Aber wir haben uns gut gehalten. Wir
sehen noch ganz frisch aus für unser Alter. Unbe‚
dingt. Am besten redet man überhaupt nicht so
viel übers Alter. Das hält jung. Und reisen. Reisen
ist unsere Leidenschaft. Wir haben keine Kinder.
Keine Haustiere, sind frei wie der Vogel. Unsere
Rente ist nicht schlecht. Meine Rente, deine Pen‚
sion. Genau so. Haben wir uns auch verdient.
Noch im Krieg geboren. Traumatisiert. Das weiß
man heute. Das ist jetzt nicht das Thema. Nein,
nicht zurück‚, nach vorne schauen, das ist unsere
Devise. Die Welt anschauen. Früher hatten wir
dafür keine Zeit. Heute sind wir ungebunden –

und neugierig. Gespannt auf alles Neue. Und Unerwartete. Thailändische Küche. Nur ein Beispiel.
Hätte ich früher nie gedacht, dass mir die schmecken könnte. Heute bin ich süchtig danach. Ist hier
teurer als zum Beispiel in Indien, aber dafür sehr
viel gepflegter. Und Einzelzimmer kosten nicht
mehr als Doppelzimmer. Das ist für uns immer ein
wichtiges Kriterium. Nicht nur der Preis, auch
die Ausstattung. Natürlich, die Ausstattung. Am
schönsten ist es, wenn man zwei Zimmer mit einer
Zwischentür hat. Das ist am schönsten. Kann
man sich nachts besuchen. Gibt's aber nicht oft.
Kurz über den Flur gehuscht, geht ja auch. Und
wieder zurück. Nur weil wir alt sind, älter sind,
haben wir doch auch noch Bedürfnisse. Heute ist
auch alles viel einfacher. Und normaler. Meine
Mutter hatte mit Sicherheit keinen Sex mehr nach
den Wechseljahren. Endlich ist die Sache vorbei,
hat sie mir mal gesagt. Aber sie ist mit meinem Vater immer noch und gerne verreist, an den Chiemsee Jahr für Jahr, und immer hatten sie natürlich
ein Doppelzimmer. Wäre anders gar nicht gegangen. Dabei hat mein Vater geschnarcht wie ein Sä

gewerk. Musste sie ertragen. Alle älteren Männer schnarchen. Ältere Frauen auch. Da wollen wir jetzt nicht ins Detail gehen. Getrennte Schlafzimmer sind jedenfalls die Voraussetzung. Der Luxus. Das Beste an den Ferien. Zu Hause haben wir das leider noch nicht. Sind am Überlegen, wie wir das hinkriegen durch Umbauten. Aber wir sind die meiste Zeit des Jahres sowieso unterwegs. Zu Hause lebe ich mit Ohropax. Ohne wäre ich schon reif für die Klapsmühle. Eine segensreiche Erfindung, kommt gleich nach der Geschirrspülmaschine. So viel Geschirr gibt's bei uns gar nicht mehr. Stimmt. Und du bist ja überhaupt der große Abwascher. Dafür bin ich sehr dankbar. Ja, für mich braucht's keine Geschirrspülmaschinen. Statt Meditation Geschirrspülen. Das war immer meine Devise. Ist im Augenblick eh kein Thema. Das Beste ist doch, man wird bedient. Oder? Und das ist hier ganz wunderbar. Zwei Zimmer mit Doppeltür und Personal. So stelle ich mir das Paradies vor. Und weißer Strand und immer die gleiche Sonnenliege mit Blick auf den Ozean. Dafür hat sich das Arbeitsleben gelohnt.

24 Im Strandrestaurant

Wir sind seit drei Tagen zusammen. Haben uns
hier kennengelernt. Genau hier. An diesem Tisch.
Ich bin total verknallt. So was von verknallt war
ich schon lange nicht mehr. Ich weiß nur nicht,
ob er wirklich so gut aussieht, wie ich ihn finde.
Nicht, dass das so wichtig ist für mich – das Aussehen alleine. Aber es spielt doch schon eine Rolle.
Oder? Ich finde ihn so hübsch. Einfach phantastisch. Seine Nase: Die ist doch wirklich unglaublich. Und seine braunen Augen. Sie erinnern mich an einen Hund, den ich als Kind hatte.
Total warm. Man möchte ihm sofort in die Arme
fallen. Das war auch meine erste Empfindung,
als wir uns hier trafen. Als er mich nach meinen
Wünschen gefragt hat. Da hat er mir tief in die
Augen geschaut. Ich dachte, er wollte in mich hi-

neinschauen. Mit den Augen mitten hinein in meinen Körper. War fast schon ein bisschen spuky. Er hat auch so einen niedlichen Akzent. Ich könnte ihn dauernd ansehen. Und ihm andauernd zu- hören. Richtig verstehen kann man ihn nicht, jedenfalls nicht, wenn er schnell spricht. Ist aber egal. Die wichtigen Dinge sagt man eh langsam. Ich habe noch nicht so genau verstanden, was er sonst eigentlich macht. Im Augenblick jobbt er hier in der Kneipe. Er hat einen tollen Gang. Ich bleibe jetzt hier sitzen, bis seine Schicht vorbei ist. Ich warte auf ihn. Macht mir gar nichts. Ich sehe ihm einfach die ganze Zeit zu. Er hat auch ganz wunderbare Hände. Ganz weich. Ungewöhnlich für einen Mann. Und total saubere Fingernägel. Ist auch eher selten. Und seine Füße: total ge- pflegt. Am liebsten würde ich ihn bitten, mal eben die Schuhe auszuziehen. Welcher Mann hat schon total gepflegte Füße? Er ist einfach phantastisch. Ich mag auch seinen Hals, also die Art, wie er den Kopf hält. Er sieht doch phantastisch aus.

25 Im Internetcafé

Ich sitze hier nur und warte. Meine Frau braucht
wohl noch eine Weile. Sie schickt ihr Manuskript
an ihren Verlag. Wir sind seit zwei Monaten hier
unten. Sie schreibt. Ich schwimme und lese. Sie
würde das anders ausdrücken: Sie arbeitet, und
ich erhole mich. Aber ist das eine Arbeit? Sie
schreibt an ihrem zweiten Roman. Den ersten hat
tatsächlich ein Verlag angenommen. Hätte ich nie
gedacht. Ist noch nicht erschienen, aber soll im
nächsten Frühjahr rauskommen. Ist ihr fest zugesagt. Angeblich bekommt sie auch einen Vor-
schuss. Ist auf unserem Konto aber noch nicht
eingegangen. Fest zugesagt. Man weiß, was das in
dieser Branche bedeutet. Außerdem: Braucht ir-
gendwer auf der Welt noch einen neuen Roman?
Gibt es nicht genug? Ökologisch gesehen ist das

doch eine Katastrophe. Wie viele Bäume werden gefällt, damit viel Unsinn gedruckt wird. Und nun auch noch die Bücher meiner Frau. Ich habe ihr gesagt, lass es sein, du bist zu alt, außerdem glaubst du doch wohl nicht, dass die Welt was verpassen würde, wenn du für dich behältst, was dir im Kopf herumschwirrt. Es muss doch nicht sein. Schreib Tagebuch und vererb es deinen Enkelkindern. Sie war beleidigt. Ich hätte schließlich auch Bücher geschrieben. Stimmt. Aber das waren Fachbücher. Ich bin Mediävist. Für meine Kollegen waren meine Untersuchungen wichtig. Daran besteht kein Zweifel. Mein Handbuch fürs Mittelalter-Studium erscheint gerade in der sechsten Auflage. Aber für wen sollen denn ihre kleinen Geschichten wichtig sein? Die Germanistik vielleicht? Ist sie Goethe? Oder die Günderrode? Aber ich halte besser den Mund. Macht die Ferien angenehmer. Lesen möchte ich ihr Manuskript um Gottes willen nicht. Ist mir auch egal, wenn ich drin vorkomme. Wenn das Buch auf dem Tisch liegt, werde ich reinschauen. Wird wahrscheinlich eine peinliche Angelegenheit.

26 Im Massagesalon

Er musste es einfach sein. Ich hatte keine Wahl.
Wir sehen ein bisschen komisch aus – zusammen.
Er groß und schwarz. Ich klein und blond. Na
und? Zu Hause haben wir noch viel mehr für
Aufsehen gesorgt. Hier wundern sich nur die
Touristen, die kommen. Und fragen die immer
gleichen Fragen. Aber ich erzähle unsere Geschichte immer wieder gern. Vor zwanzig Jahren
bin ich mit einer Freundin und einem großen
Rucksack hierhergekommen. Da haben wir uns
getroffen. Und es hat sofort gefunkt. Eine furchtbar einfache Geschichte. Frau trifft exotischen
Fidji-Mann und ist fasziniert. War mir auch
klar, dass das dem Klischee der Urlaubsliebe entspricht. Ich war ja nicht blöd, und meine Freundin hat schon im Flugzeug nach Hause versucht,

ihn mir auszureden. War schön, aber nun vergiss
ihn mal schnell, denn der passt nicht zu dir. Oder
willst du mit ihm in Bern ins Lorenzini gehen?
Sie hatte recht. Mit allem. Ich also zurück nach
Hause. In Bern habe ich auf der Post gearbeitet.
Gehobene Anfangsstellung. Ich war noch jung.
Und ich habe versucht, ihn mir aus dem Kopf
zu schlagen. Ich habe es wirklich versucht. Ein
halbes Jahr lang. Ich bin viel ausgegangen, habe
Leute getroffen, mich abgelenkt und mir immer
wieder, wenn ich nachts im Bett lag und an ihn
dachte, gesagt, du bist nicht bei Trost. Das kann
nie gut gehen. Und dann kam sein Brief. War
lange unterwegs gewesen, die Adresse war falsch
geschrieben, der Name auch kaum zu entziffern,
es gab damals noch kein Internet, kein E-Mail,
kein Mobiltelefon. Das war der schönste Brief, den
ich je bekommen hatte. Er beschrieb, wie er sich
versuchte, die kleine Europäerin aus dem Kopf zu
schlagen, weil das niemals was Ernstes werden
könne. Seine Eltern, seine ganze Verwandtschaft
würden ihn rädern, wenn er mit so einer käme. Er
schrieb, wie es ihm am Tage gelang, mich zu ver-

gessen, und wie in der Nacht die Sehnsucht kam und die Hoffnung und die Gewissheit, dass da irgendwas Besonderes zwischen uns gewesen war. Und er fragte, ob ich nicht noch einmal kommen könnte. Wir sollten versuchen, den Geist der Liebe entweder zu verbannen, ihn aus unseren Körpern, unserer Seele zu vertreiben, das könne man nur gemeinsam, nicht jeder für sich alleine, oder aber wir müssten uns geschlagen geben, den Geist umarmen und nicht mehr loslassen. Ich war hin und weg, als ich den Brief gelesen hatte. Ich nahm unbezahlten Urlaub, setzte Himmel und Hölle in Bewegung, schlug alle Ratschläge in den Wind, lieh mir Geld und kaufte ein Ticket. War damals viel teurer als heute. Die Reise dauerte ewig. Viermal umsteigen. Eine absurde Strecke. Ich hatte die billigste gebucht. Und dann kam ich hier an. Und er stand da, mitten in der Nacht. Er war mit dem Boot gefahren, über die ganze Insel getrampt und gelaufen, hatte seit zehn Stunden auf dem Flughafen gesessen, um mich nicht zu verpassen. Na ja, mit Vertreiben war dann nicht mehr viel. Ich bin sechs Wochen geblieben. Habe mit ihm bei seiner Familie gewohnt. Das war ziemlich hart, aber es ging. Und dann haben wir den Hochzeitstermin festgelegt. Ging alles nicht so schnell, ein unglaublicher Papierkram. Aber wenn ich was will, will ich es wirklich. Am Ende haben wir zweimal geheiratet. Erst hier und dann in der Schweiz. Zwei Jahre haben wir in der Nähe von Bern gelebt. Ich ging zur Post, er in die Sprachschule. Hat sogar einen Job gefunden, aber eigentlich wollten wir beide wieder auf die Insel. Da sind wir nun seit fünfzehn Jahren. Haben eine ganze Menge probiert, meine Eltern haben geholfen und Onkel und Tante auch, manches ging schief, aber nun machen wir das Touristenbusiness hier. Ich habe massieren gelernt. Bei mir ist alles ein bisschen europäischer als in den anderen Massagestudios. Immer saubere Handtücher, frisches Öl. Sind so Kleinigkeiten. Spricht sich rum. Wir können davon leben. Und dann haben wir jetzt auch das Boot. Das war wichtig. Natürlich hätte ich es leichter haben können. Und Liebesbriefe kriege ich schon lange nicht mehr. Die meiste Arbeit bleibt an mir hängen. Aber ich beklage mich nicht. Es ist warm, die Hütten stehen, der Generator läuft in der Regel, und ich wollte diesen Mann und keinen anderen. Und ich habe ihn bekommen. Der Geist hat mir keine Wahl gelassen.

27 Am Pool 2

Wissen Sie, ich war immer die Schönste. Das
schönste Baby, die Schönste in der Grundschule,
die Schönste im Gymnasium, die Schönste in der
Universität. Mir fiel alles leicht, weil ich so schön
war. Das klingt jetzt furchtbar eitel, aber das war
mein Leben. Sie können auch nicht über Eliza-
beth Taylor sagen, sie sah ganz gut aus. Ein bisschen ähnlich war ich ihr nämlich. Mein Vater
sprach immer von einer exquisiten Mischung. Ich
war wirklich immer die Schönste. Für mich war
das normal. Ich wollte auch nie nur schön sein,
ich meine, ich ruhte mich nicht auf dem guten
Aussehen aus. Mein Ideal waren immer schöne
und kluge Frauen. Das hat den einen und den anderen Verehrer abgeschreckt. Der dachte, ich ang-
le mir eine Schöne, die macht was her, und dann

hatte er eine am Hals, die nicht nur Fragen stellte, sondern auch selber welche beantwortete. Natürlich hatte ich es in meinem Job leichter als andere. Wenn ich den Konferenzraum betrat, hatte ich zumindest die Aufmerksamkeit des Kunden gewonnen. Ich habe lange Jahre in einer Werbeagentur gearbeitet. Ich war sicher nicht begabter als andere, aber für die Präsentationen unserer Kampagnen war ich die ideale Person. Das sahen alle so. Auch die Kolleginnen, die mich ganz gut leiden konnten. Ich war nie eingebildet oder besonders eitel. Das eine Klischee habe ich dann allerdings doch erfüllt und den Chef geheiratet. Ich glaube, für ihn war ich damals die goldene Trophäe. Er konnte mit mir angeben. Mir war das klar, aber ich fand ihn auch herrlich. Er sah auch ziemlich gut aus. Wir waren dann eine Weile stets das schönste Paar, wo immer wir auftraten.

Und wir waren enorm erfolgreich. Waren die goldenen Zeiten in unserem Bereich. Aber wir haben uns auch geliebt, doch, ich glaube, wir haben uns eine Zeit lang wirklich geliebt, vielleicht waren wir aber nur verliebt in unsere Spiegelbilder. Ich sah mich in seinem Blick glänzen und er sich wohl in meinem. Es gibt so viele Gründe für die Liebe. Unsere war jedenfalls nicht die schlechteste. Hat auch eine ganze Weile gehalten. Dass ich zwei Fehlgeburten hatte, passte nicht ins Bild des perfekten Paares. Gerne hätten wir die süßesten Kinder in die Welt gesetzt, wären beneidet worden um unser Glück. Aber das klappte nicht. Wir konnten uns nicht fortpflanzen, haben wirklich alles versucht. Als es normal nicht funktionierte, machten wir künstliche Befruchtungsversuche. Das ganze Programm, was heute so geboten wird. Dabei sind wir wohl müde geworden. Ich war immer noch die schönste Frau, die er kannte. Er hat es mir oft beteuert, eine Frau Mitte dreißig ist auf dem Höhepunkt, aber die Luft war raus. Wir haben uns zivilisiert getrennt, meine Abfindung war hoch, ich kann nichts Schlechtes über ihn sagen, er hat mir ein angenehmes Leben ermöglicht. Und durch ihn habe ich letztlich auch meinen zweiten Mann kennengelernt. Die Trennung war meine erste Niederlage. Also bin ich zum Therapeuten. Der war von meinem Fall scheinbar so fasziniert, dass er unbedingt in meiner Nähe bleiben wollte. Alle Standesgesetze wurden über Bord geworfen. Ging alles ziemlich Knall auf Fall. Wenn ich mir die Fotos unserer Hochzeit anschaue, sehe ich eine unglaublich schöne Frau. Noch schöner als vorher, denn der kleine Stich hatte mir gutgetan. Mit diesem leiderfahrenen Ausdruck sah ich besser aus als vorher. Das haben damals alle gesagt. Ich habe dann noch mal studiert. Psychologie. Wir haben sehr erfolgreich als Team gearbeitet, später, Sachbücher geschrieben, die von der Kritik und den Lesern mit Begeisterung aufgenommen wurden. Ich war ein gern gesehener Talkshowgast. Mein Mann war nicht eifersüchtig, er gönnte mir den Rampenplatz, sah meine verkaufsfördernde Wirkung gern. Außerdem traten wir oft als Paar auf. Wieder so eine Idealbesetzung, auch wenn er nicht ganz so gut aussah wie mein erster Mann. Dadurch stach ich noch mehr heraus. Und alle wollten natürlich rauskriegen, ob ich nicht doch ein bisschen blöder und er der eigentliche Autor sei, der mich nur als schmückendes Beiwerk be

nutzte. War aber nicht so. Wir waren ein produk-
tives Paar. Nach fünfzehn Jahren fiel er einfach
um und war tot. Das war seltsam, weil er hinter
mir im Badezimmer stand, er schaute mich an,
skeptisch, ich kann es nicht anders sagen, als
hätte er gerade erkannt, dass eine schöne Frau besonders schrecklich altert und dass genau dieser
Zeitpunkt jetzt gekommen sei. Vor Schreck ist er
tot umgefallen. Natürlich interpretiere ich jetzt.
Aber so schaute er mich an, sein letzter Blick galt
meiner schwindenden Schönheit, da bin ich mir
sicher. Herzschlag. Ein schöner Tod. Für ihn.
Für mich war es schwer, denn er hatte recht, jetzt
war ich nicht mehr die Schönste. Mein Spiegel
log mich leider nicht an. Und es gab auch nicht
nur eine, die schöner war als ich, sondern viele,
eigentlich alle, die zwanzig Jahre jünger waren.
Ich habe mich gut gehalten. Das ist mir schon
klar, sehe auch jünger aus, als ich bin. Meistens
verschätzen sich die Leute um acht bis zehn
Jahre. Zu meinen Gunsten. Aber was hilft das?
Irgendwann verliert jede Frau den Kampf gegen
eine Jüngere. Harte Sache. Vor allem, wenn man

lange die Schöne war, die alle Blicke auf sich zog, für die die bewundernden Blicke selbstverständlich waren, zum Leben gehörten wie die Sonne oder der Mond. Alle Frauen machen die Erfahrung, dass sie irgendwann nicht mehr begehrlich angeschaut werden. Aber nur die Schönen, die besonders schönen Frauen verlieren ihre Sicherheit, ihr Lebenszentrum. Es ist schwer zu verstehen, denn Einsicht und Wissen ums Alter und Älterwerden nützen da gar nichts. Du warst immer die Schönste und nun bist du eine ältere gut aussehende Frau, der man auf der Straße nicht mehr hinterherschaut. Du blickst in den Spiegel und siehst ein fremdes Gesicht, an das du dich gewöhnt, das du aber nicht akzeptiert hast. Vielleicht ist das die ausgleichende Gerechtigkeit. Weniger schöne Menschen altern leichter. Und dumme auch. Da bin ich sicher. Gottfried Benn hat einmal auf die Frage, was denn das Glück sei, geantwortet: »Dumm sein und Arbeit haben.« Arbeit habe ich noch, jedenfalls stelle ich mir Aufgaben. Und dumm genug bin ich wohl auch. Jedenfalls liege ich am Swimmingpool und versuche die Reste meiner Schönheit zu konservieren, den alten Regeln zu folgen. Eine leichte Bräune stand mir immer schon besonders gut.

28 An der Bar 2

Ich komme aus Köln. Früher war ich dort mal Studentenpfarrer. Ist lange her. Ich glaube, ich war ein guter Pfarrer, die Studenten mochten mich, kamen mit allen möglichen Problemen zu mir. Ich war verheiratet, ein Sohn, eine Tochter, alles ordentlich, wie vorgesehen, meine Frau war aktiv in der Gemeindearbeit. Ich weiß nicht, warum und wann genau, aber irgendwann kamen die Zweifel. Am Leben, am Glauben. Wie in einem Film von Ingmar Bergman. Ich haderte mit meinem Gott, meinem Beruf, meiner Bestimmung. War nicht so innerlich wie bei Bergman. Nicht so existenziell. Oder eigentlich doch. Ich wusste nicht mehr, was ich tun sollte, meine Predigten kamen mir schal und verlogen vor. Wer war ich, dass ich das Richtige vom Falschen trennen konnte. Ich wollte mein Leben ändern, Gott suchen oder Geschäfte machen. Nach Afrika gehen oder wenigstens nach Gelsenkirchen, um neu anzufangen. Meine Familie war mir nur noch eine Last. Alles eingefahren und ohne Sinn. Jedenfalls schien es mir so. Ich war neununddreißig und geplagt von Phantasien. Die Sache mit der Sexstatistik lag mir auf der Seele. Insgesamt hatte ich nur mit vier Frauen in meinem Leben geschlafen. Das konnte es doch nicht gewesen sein. Meine Frau war schockiert, als ich mit ihr darüber sprach. Und verletzt. Natürlich. Sie glaubte an unsere große Liebe. Wir waren vierzehn Jahre verheiratet, sechzehn Jahre zusammen, eine Studentenliebe. Ging dann alles ziemlich schnell. Ich schlief mit der Frau eines Kollegen. Auch wie bei Bergman. Nur, dass ich kein junger Vikar mehr war. Die Sache kam raus, es gab ein Treffen zu viert, man war damals so unglaublich offen, und alle wollten nur das Beste und bloß nicht spießig sein. Skandale gab es da schon nicht mehr wegen so was. Gut, dass sich heute eine Bischöfin scheiden lassen und damit in die Öffentlichkeit gehen kann, hat der Kirche sicher auch nicht geholfen, nur den Medien. Die Leute lassen sich ja viel erzählen. Trotzdem. Ich kenne das ganze Drama. Ich war wirklich im Zwiespalt, ich hasste diese Gewerkschaftskirche, dieses Allesistmöglich und Gotthatunssogemacht und WirsindalleKinderGottes. Dieses Einlullen in der Jetztzeit. Ich wünschte mir einen Gott, der mit Feuer und Schwert dazwischenfahren und die Landeskirchenfunktionäre vertreiben würde wie Jesus die Händler aus dem Tempel. Stattdessen wurde geredet und geredet, der Kollege versprach den Kindern im Konfirmandenunterricht viel Spaß und schulfreie Tage, und ich saß da mit meinem schlechten Gewissen und meinem Überdruss, meinen Zweifeln und meinem ewig bereiten Schwanz. Wir sind dann zu viert in den Urlaub gefahren, die Kinder haben wir zu Hause gelassen, wir wollten unsere emotionalen Verstrickungen klären. Dabei war ich schon gar nicht mehr scharf auf die Frau. Und sie auch nicht mehr auf mich. Auch wenn sie noch so tat. Von Liebe und einer Prüfung sprach. Ich bin abgehauen, nach zwei

Tagen verlogenen Herumquatschens bin ich weg. Nicht mehr nach Hause, sondern einfach los, auf gut Glück. Auch wie im Kino. Auch wenn es im Leben nicht die großen Überraschungen am Wegesrand gab. Nach zwei Wochen habe ich meine Kündigung eingereicht und meiner Frau die Scheidung zu ihren Bedingungen vorgeschlagen. Gab noch mal ein großes Trara, aber ich hab alles über mich ergehen lassen. Hab in der Zeit meine Statistik aufgebessert. Und gemerkt, dass das alles Quatsch ist. Hab mir einen Job im Außendienst gesucht, überzeugend reden hatte ich gelernt. Meine Kinder waren am Anfang ziemlich sauer auf mich, aber das hat sich gegeben, heute haben wir ein gutes Verhältnis. Irgendwann habe ich dann meine jetzige Frau kennengelernt. Vielleicht ging es doch um die große Liebe. Keine Ahnung. Sie war jedenfalls die Richtige für meine Pläne, denn ändern wollte ich mein Leben immer noch. Richtig ändern. Sie wollte das auch. Sie ist eine Mutige. Ihren Job wollte sie lieber heute als morgen kündigen. Sie war eine kleine Provinzjournalistin. Landespolitik war schon die große

Welt, sie musste über die Brückeneröffnung im nächsten Dorf dreißig Zeilen schreiben und was der Bürgermeister meint und sagt und warum die Schweinemastanlage sein muss oder auch nicht. Es war ihr alles zuwider. Der Jungmädchentraum vom investigativen Journalismus zerplatzt im Gemeinderat. Nie wieder Politik. Nie wieder Journalismus. Das waren ihre Bedingungen. Hat alles noch eine Weile gedauert. Wir sind dann nach Kanada, erst mit einem Wohnmobil durchs ganze Land wie tausend andere Touristen, dann waren wir entschieden. Am Anfang haben wir in einem Zimmer gewohnt. Das Geschäft langsam aufgebaut. Import-Export. War nicht so einfach, aber heute läuft alles prima. Zwei Töchter. Neues Leben. Hat geklappt. In einer anderen Welt. Sollte wohl so sein. Mit meinem Gott habe ich Frieden geschlossen. Er spielt keine so große Rolle mehr in meinem Leben, aber ich weiß, er ist da.

29 Im Diner

Wer ist schon freiwillig in Miami. Ich jedenfalls nicht, ich bin hier nicht aus freien Stücken. Ich war Musiklehrer. Früher. Ich komme aus Hamburg. Ein Hamburger in Miami. Das ist doch schon Witz genug. Dreißig Jahre habe ich unterrichtet. Gut unterrichtet. Meine Gitarren-Arbeitsgruppe war immer ausgebucht. Gebürtiger Hamburger. Aber fünf Jahre meines Lebens habe ich in Tunis verbracht. Mein Vater hatte dort einen Job bekommen. Er war Ingenieur. Tiefbau. Wir sind übergesiedelt. War eine Riesenaktion. Meine Mutter, mein Bruder und ich. Und mein Vater natürlich. Um ihn ging es ja. Ohne Familie wollte er auf keinen Fall weg. Hat er damals gesagt. War wohl auch so. Ich war fünf, mein Bruder sieben. 1953. Da flog man nicht mal eben übers Wochenende nach Mailand, Kairo oder Helsinki. Wir waren Auswanderer, auch wenn meine Eltern natürlich zurückkommen wollten. Fünf Jahre, mehr sollten es nicht werden, das war die Absprache. Die Ehe war in Ordnung. Hat meine Mutter später jedenfalls immer behauptet. Mein Vater erinnert sich bekanntlich nicht mehr. Haus mit Garten, eine Angestellte. Für uns Kinder war es ein Abenteuer, außerdem kam uns meine Großmutter gleich im ersten Jahr besuchen. Im zweiten dann mein Onkel mit meinem Vetter. Die ganze Familie reiste plötzlich. Alle fanden es toll. Meine Mutter war vielleicht ein wenig einsam, aber es gab ein paar andere deutsche Frauen, nicht viele, eigentlich nur eine und eine Schweizerin und eine Österreicherin, die war mit einem Tunesier verheiratet, hat uns später sehr geholfen. Die hatte auch zwei Kinder, einen Jungen und ein Mädchen. Ihre Namen habe ich vergessen. Drei Jahre ging alles ganz gut. Jedes Jahr Besuch aus Deutschland, und dann flogen wir Weihnachten endlich wieder einmal nach Hause. Meine Mutter, mein Vater, mein Bruder und ich.

War das letzte gemeinsame Weihnachtsfest. Einen Tag nach Silvester ging es zurück. Mein Vater musste arbeiten. Montag ging er zur Arbeit. Und dann kam er nicht wieder. Jeder, dem ich die Geschichte erzähle, meint, ich denke mir das aus. War aber so. Sonntag kommen wir aus Hamburg zurück. Montag geht er zur Arbeit – wie immer. Und kommt nicht mehr nach Hause. Er war verschwunden. War in Wahrheit auch nicht zur Arbeit gegangen, aber das haben wir erst später erfahren. Meine Mutter wartet jedenfalls mit dem Abendessen, wie jeden Tag. Er kommt nicht, sie macht sich Sorgen. Man denkt ja sofort an einen Unfall oder irgendwas Schreckliches, also was schrecklich Normales, aber hier war nichts normal. Der Mann war abgehauen. Ohne ein Wort. Ohne Grund, hat meine Mutter gesagt. Keine Ahnung, ob sie sich gestritten, ob sie noch Sex hatten. Ohne Grund haut doch kein Mann ab. Ich habe es nie rausbekommen. Die ersten Wochen waren ein Alptraum. Krankenhäuser, Polizei, Bekannte, Fluggesellschaften. Er blieb verschwunden. Ich weiß nicht, wie oft ich die

Geschichte in meinem Leben schon erzählt habe. Und deine Mutter? Das fragen immer alle. Was hat sie gemacht? Was man eben so macht. Weiterleben. Sich um die Kinder kümmern. Ihre österreichische Freundin hat uns geholfen. Ein Jahr lang waren wir jeden Nachmittag bei ihr. Mein Bruder und ich. Die Firma hat noch drei Monate gezahlt, war anständig vom Chef, aber dann war Schluss. Der Mann war ja ohne Kündigungsschreiben einfach abgehauen. Hat kein Wort hinterlassen. Meine Mutter musste sich einen Job suchen. Erst Deutschunterricht. War der Bedarf nicht sehr groß. Dann war sie Sekretärin. Sie wollte nicht nach Hamburg zurück, hat immer gedacht, mein Vater käme wieder. Mindestens ein Jahr hat sie das gedacht. Außerdem saß ihr die Angst vor den Fragen im Nacken. In Tunesien war das irgendwie anders, sie war fremd, und die Leute fragten nicht viel. War halt Schicksal. Zwei Jahre ist sie noch mit uns da geblieben. Manchmal träume ich heute noch auf Französisch. Als wir wieder in Deutschland waren, wurde über meinen Vater nicht mehr geredet, mein Bruder und meine Mutter hatten ihn quasi gelöscht, seinen Namen aus ihrem Gedächtnis gestrichen. Sie hat später noch mal geheiratet, aber da war ich schon aus dem Haus. Hat es jedenfalls ganz gut verkraftet. Der Einzige in der Familie, der einen Schaden davongetragen hat, war ich. Keine Ahnung warum. War einfach so. Seitdem ich von zu Hause ausgezogen war, gab ich all mein Geld für Reisen aus. Am Anfang habe ich es mir nicht eingestanden, aber ich habe wohl immer meinen Vater gesucht. Irgendwo musste er doch sein. Als Student bin ich mit dem Rucksack um die halbe Welt. Tunesien, natürlich zuerst Tunesien, Griechenland und Israel und Ägypten, später Indien. Es gab keine Spur, also ich verfolgte keine Spur, hatte keine, aber die Wahrheit ist, ich habe ihn immer gesucht. Kinder habe ich keine. Zwei verpfuschte Ehen, drei ebenso verpfuschte Beziehungen von kurzer Dauer. Wahrscheinlich konnten die Frauen meine Vater-Geschichte, die ich immer sofort erzählte, nicht mehr ertragen. Meine zweite Exfrau hat irgendwann gesagt: Selbst wenn du ihn findest, wirst du ihn nicht wiedergefunden haben.

Sie hatte recht. Sie war eine kluge Frau. Hatte keine Lust auf ein Leben, das sich immer nur um die Organisation des Urlaubs drehte. Wohin geht es Ostern, wohin im Sommer. Pfingsten, Weihnachten, Herbstferien. Als Lehrer ging es mir in dieser Hinsicht gut. Mit sechzig bin ich in Pension. Was wollen Sie denn jetzt machen, haben mich die Schüler gefragt. Reisen. Was sonst. Die große Amerikafahrt stand noch aus. Jetzt kommt langsam Miami ins Spiel. Zuerst ging es nach Kalifornien: drei Monate. Nie wieder Los Angeles, nie wieder San Francisco. Man fühlt sich als Aussätziger, wenn man alleine ins Restaurant geht. Die, die kein Date zustande gebracht haben, werden behandelt wie einst Leprakranke. Man will nichts mit ihnen zu tun haben. New York: zwei Wochen. Route 66. Was man so macht. Jedenfalls hat es mich nach Miami verschlagen, weil eine Frau, die ich in Santa Monica kennenlernte, hier wohnt. Sie lud mich ein, sie zu besuchen. Habe ich gemacht. Eine kleine Geschichte. Ich dachte, sie könnte größer werden. Jedenfalls nahm ich mir hier eine Wohnung. Mal gucken, was draus wird, dachte ich. Und dann sitze ich im Diner und sehe diesen alten Mann vorbeischlurfen. Ich habe ihn sofort erkannt. An seinem Gang. Ja, an seinem Gang. Er hat mich natürlich nicht gesehen. Ich springe raus auf die Straße, war wie im Kino, verfolge den Alten, warte noch, will ihn nicht gleich ansprechen, sicher sein, er verschwindet in einem Haus. Ich warte unschlüssig, frage im Laden gegenüber, schaue aufs Klingelschild, stand tatsächlich mein Name dran. Na gut, dachte ich, jetzt habe ich so lange gewartet. Morgen ist auch ein Tag. Das war doch irre. Mein ganzes Leben reise ich um die Welt und dann dieser unfassbare Zufall. Mein Vater wohnt in Miami und ich um die Ecke. Das gibt es doch nicht in Wirklichkeit. Am nächsten Tag lasse ich mir Zeit, will mich sammeln. Rufe in Hamburg bei meiner Mutter im Seniorenheim an. Ach ja, sagt sie, du hast ihn gefunden. Was für ein Zufall. Schien mir nicht die richtige Reaktion auf eine so unglaubliche Sensation. Ich mach es kurz. An dem Morgen ist er von einem Auto angefahren worden. Schweres Hirntrauma. Er ist Mitte neunzig. Zäher Typ. Liegt seitdem schwer beschädigt im Pflegeheim. Versteht nicht, was ich ihm sage. Kann nicht sprechen. Das gibt es nicht? Doch, das gibt es. Er hat alleine gelebt. Bis zum Schluss. Jedenfalls habe ich keine Spuren gefunden von einer anderen Frau oder Kindern. Ordentliche Wohnung. Genug Geld auf dem Konto. Hat immer gearbeitet. In Amerika eine Krankenversicherung, das hat nicht jeder. Und nun? Kein Happy End. Ich sitze in Miami und besuche ihn zweimal die Woche. Freiwillig bleibt hier keiner, wenn er bei Trost ist.

30 Der ideale Ort

Schon wieder alle über sechzig. Friedhofsgemüse
auf Reisen. Was mache ich, wenn die aussterben?
Immerhin, eine sieht jünger aus. Warum kommen
nicht die jungen Leute? Wenn sie irgendwohin
fahren müssten, dann doch hierher. Entschuldi-
gung, gehören Sie zur Gruppe? Dann bleiben Sie
doch bitte in der Nähe. Muss ich nicht so brüllen.
Meine Damen und Herren, schön, dass Sie alle da
sind. Hier am IDEALEN ORT. Denn das ist er,
ein idealer Ort. Das sollte er vor allem werden, das
war der Plan, als drei Freunde, alle drei waren sie
Architekten, jung, erfolgreich und voller Pläne,
als Eliel Saarinen, Herman Gesellius und Armas
Lindgren beschlossen, gemeinsam aufs Land zu
ziehen. Sie hatten nach ihrem Examen an der
Technischen Hochschule in Helsinki ein gemein-

sames Büro aufgemacht. Und sie waren wirklich erfolgreich. 1900 hatten sie den finnischen Pavillon für die Weltausstellung in Paris entworfen. Das brachte ihnen Ansehen und viele neue Aufträge. Die drei wollten aber nicht nur beruflichen Erfolg, nicht nur anders bauen als die Alten, sie wollten auch und vor allem ein anderes Leben führen.

Einige von Ihnen werden das kennen. Aus ihrer Jugend. Das war doch nach 1968 bei Ihnen en vogue. Gemeinsam leben und arbeiten: raus aus der Kleinfamilie, rein in die Wohngemeinschaft. Frei gewählte Lebensverhältnisse. Erinnern Sie sich? Liegt schon eine Weile zurück. Anfang des 20. Jahrhunderts war das schon genau das gleiche Programm. Die drei Freunde suchten ein Grundstück und fanden eines, nämlich das hier, am See gelegen, nicht zu weit weg von der Stadt, obwohl es damals noch eine ganze Weile länger dauerte, nach Helsinki zu fahren, als heute. Sechzehn Hektar Grundstück am See Hvitträsk. Jeder der drei Architekten entwarf sein eigenes Haus, denn sie wollten zwar zusammen leben, aber nicht andauernd aufeinanderhocken, sie waren klug genug, zu wissen, dass man auch Abstand braucht, wenn man zusammenbleiben will. Wäre auch für jede Kleinfamilie nicht schlecht. Oder? Es fehlt uns nur meistens an Platz. Die drei waren Mitte zwanzig, es gab die dazugehörigen Frauen, man wollte keine Kommune, sondern eine Wohn- und Arbeitsgemeinschaft gründen. Die Sauna unten am See war natürlich für alle da. 1903 begannen die Bauarbeiten, das Haupthaus entwarf Eliel Saarinen, heute ist das das Museum, das Sie gleich besuchen werden, in dem es noch ziemlich genauso aussieht wie damals. Er hat auch die Möbel entworfen und die Teppiche, die seine zweite Frau dann gewebt hat. Womit wir zum Problem kommen, also nicht das Weben war das Problem, sondern das Leben mit den Frauen wurde schwierig, oder besser gesagt: die Liebesorganisation, denn – vielleicht erinnern Sie sich auch daran – die Arbeitsverhältnisse (und die Bauarbeiten) liefen gut, aber die Liebesgeschichten brachten die Idealzustände ziemlich durcheinander. Der eine verliebte sich in die Frau des anderen, der dritte in die Schwester des einen, obwohl er gebunden war.

Kurzum: Die ideale Lage war nicht lange ideal, obwohl die drei samt ihren Familien versuchten, die Idee hochzuhalten. Aber das sollte Sie nicht abhalten, den Idealzustand, den Sie hier begehen und betrachten können, zu bewundern. Die drei haben es versucht, und eine Weile hat es geklappt. Das Haus von Lindgren, der den idealen Ort und das gemeinsame Büro als Erster wieder verließ, weil er 1905 Direktor der Technischen Hochschule in Helsinki wurde oder weil er einfach genug von der Gemeinschaftsidee hatte und der 1929 gestorben ist, wurde durch einen Blitzeinschlag zerstört; das von Gesellius, der schon 1916 an Kehlkopfkrebs starb, ist die schwarze Villa, in der jetzt das Museumscafé untergebracht ist.

Am Ende blieb jedenfalls – wie fast in jeder Wohngemeinschaft – einer übrig. Das war Eliel Saarinen. Bis 1923 wohnte er hier mit seiner Familie, dann hatte er großen Erfolg in Amerika und ist schließlich dahin ausgewandert, nach Michigan. Den idealen Ort hat er trotzdem erst 1949 verkauft. Wahrscheinlich hing er einfach an seinem Jugendtraum. Wie wir alle.

In diesem Sinne: Laufen Sie herum, schauen Sie ins große Arbeitszimmer und die kleinen Räume unterm Dach, von wo man diesen wunderbaren Blick hat, wo erst die vielen Freunde untergebracht wurden, die gerne zu Besuch kamen, später dann die Kinder. Und laufen Sie zum See herunter. Wenn Sie da stehen, dann verstehen Sie, warum die drei jungen Männer diesen Platz gewählt haben. Der Traum vom idealen Ort: Hier haben sie ihn gefunden. Und hier können Sie ihn genießen. Ohne all die Probleme, die das Ideale immer mit sich bringt. Sie müssen hier ja nicht einziehen und dem Alter der idealen Jugendträume sind sie glücklicherweise sowieso entwachsen. Oder? Lassen Sie sich Zeit. Das gehört zum idealen Ort dazu. Und so schnell kommen Sie auch nicht wieder an einen idealen Ort. Sie haben dreißig Minuten. Der Bus wartet auf Sie.